한 권으로 끝내는 입시 이야기

학습 컨설턴트가 알려주는 입시의 본질

한 권으로 끝내는 입시 이야기

박지윤 지음

저녁달

입시, 혼자가 아니라 함께 시작합니다

탐사보도를 통해 이른바 '7세 고시'가 사회적으로 알려졌습니다. 이 과정에서 '4세 고시' 역시 함께 드러났습니다. 불과 몇 해 전만 해도 준비 시점은 5세 전후였으나, 현재는 그 연령이 점차 낮아지고 있습니다. 발달 단계상 시험이라는 개념조차 성립하기 어려운 나이에 '고시'라는 명칭이 붙으면서, 학부모의 관심과 불안은 자연스럽게 증폭되고 있습니다. 여기에 '대치동'이라는 상징적 지명은 이러한 흐름이 필수 경로인 것처럼 인식하게 만드는 효과까지 낳고 있습니다.

대학수학능력시험에서 영어 과목의 평가 방식이 절대평가로 전환되면서, 90점 이상을 획득하면 1등급을 받는 구조가 형성되었습니다. 이 변화는 사교육 전략 전반에 중요한 전환점으로 작용했습니다. 영어가 변별력을 크게 좌우하지 않고 일정 등급만 확보하면 되는 과목이 되면서, 해당 학습을 조기에 마무리하고 그 시간을 상대적으로 난도가 높은 과목, 특히 수학에 힘을 쏟는 흐름이 만들어졌습니다. 2018년 이전에도 비슷하긴 했으나 이를 계기로 입시 로드맵으로 굳어졌습니다.

영어 조기교육은 이미 오래전부터 이루어져 왔습니다. 모국어와 병행하여 생활 속에서 자연스럽게 익히고, 흥미를 중심으로 배우는 방식의 영어 학습은 분명 긍정적인 측면이 있습니다. 실제로 일부 유명 영어 학원에서는 만 3~4세에 유치부에 입학한 뒤, 만 7세에 초등부로 진입하기 위해 다시 준비 과정을 거치게 됩니다. 이 과정에서 아이들은 한 번 선발을 목표로 조기 학습과 평가에 노출됩니다. 이러한 선택을 하는 학부모가 존재하는 것은, 그만큼 이 경로가 입시에 효과적이라고 인식되기 때문일 것입니다.

뇌와 정서가 빠르게 성장하는 시기에 이러한 경쟁 중심의 학습 방식이 아이에게 적절하지 않다고 많은 소아정신과 전문의들이 지적하고 있지만, 그 로드맵을 따라가며 어려움을 겪는다는 아이는 잘 보이지 않습니다. 정서적 부담감 역시 겉으로 잘 보이지 않습니다. 정신건강의학과를 학원처럼 다니면서도 괜찮다고 착각합니다. 그러다 등원거부나 행동 변화가 나타난 뒤에야 문제를 인식하는 경우도 적지 않습니다.

사실 대치동 로드맵이 문제인 줄 알면서도 많은 학부모들이 기준으로 삼고 있습니다. 솔직히 보통의 아이들이 따라가기에는 상당히 어려운 과정입니다. 부모에게도 말이지요. 앞에서 언급한 영어 학원 유치부는 과제량이 상당합니다. 그 숙제를 6~7세의 아이들이 스스로 해낼까요? 어른이 해야 한다니까, 자기를 돌봐주는 부모가 해야 한다니까 억지로 할 뿐입니다. 배움에 즐거움을 느껴 눈에서 빛이 나는 아이도 있을 수 있겠지만, 그런 아이를 우리는 영재라고 부르기로 했습니다. 그러다 익숙해지면 좋은 거 아니냐고요? 공부 습관 일찍 들이면 좋다고요? 자기주도학습은 자신이 공부를 해야 하는 당위성과 자신에 대한 파악이 되어야 가능합니다. 멋모르던 시절에 공부를 해도 나쁜 건 아니겠지만 그 물길이 사춘기를 온전히 지나가서 입시까지 흘러가는 길은 멀고도 깁니다. 아이의 기억에 무엇이 남기를 원하십니까? 물려줄 수 있는 건 돈이 아니라 학력이라고 생각하시나요?

대치동의 정보를 아무리 빠르게 알아냈다 한들 그 길을 가야 하는 주체가 내 아이라는 사실을 늘 잊지 말아야 합니다. 중요한 건 나의 아이가 어떤 상태에 놓여 있는지 지속적으로 살펴보는 일입니다. 입시 성공 로드맵은 누군가에게는 통할 겁니다. 하지만 그 방법이 내 아이에게도 딱 맞는 건 아닙니다. 내 아이의 12년을 모조리 쏟아부어야 하는 방법입니다. 내 아이에게 맞는 방법이 무엇인지 더 생각하고, 그 아이가 감당할 수 있는 속도와 리듬을 먼저 살펴야 합니다.

이 책은 입시의 구조와 흐름을 이해하는 데 필요한 최소한의 기준선을 마련해주는 데 목적이 있습니다. 불안감 때문에 대치동 로드맵을 무작정 따라가기보다는 입시에 대해 기본적인 정보부터 차분히 이해한 뒤 어떤 방법을 택할 것인지를 스스로 판단하는 데 도움이 되기를 바랍니다.

2026년 봄

박지윤

차례

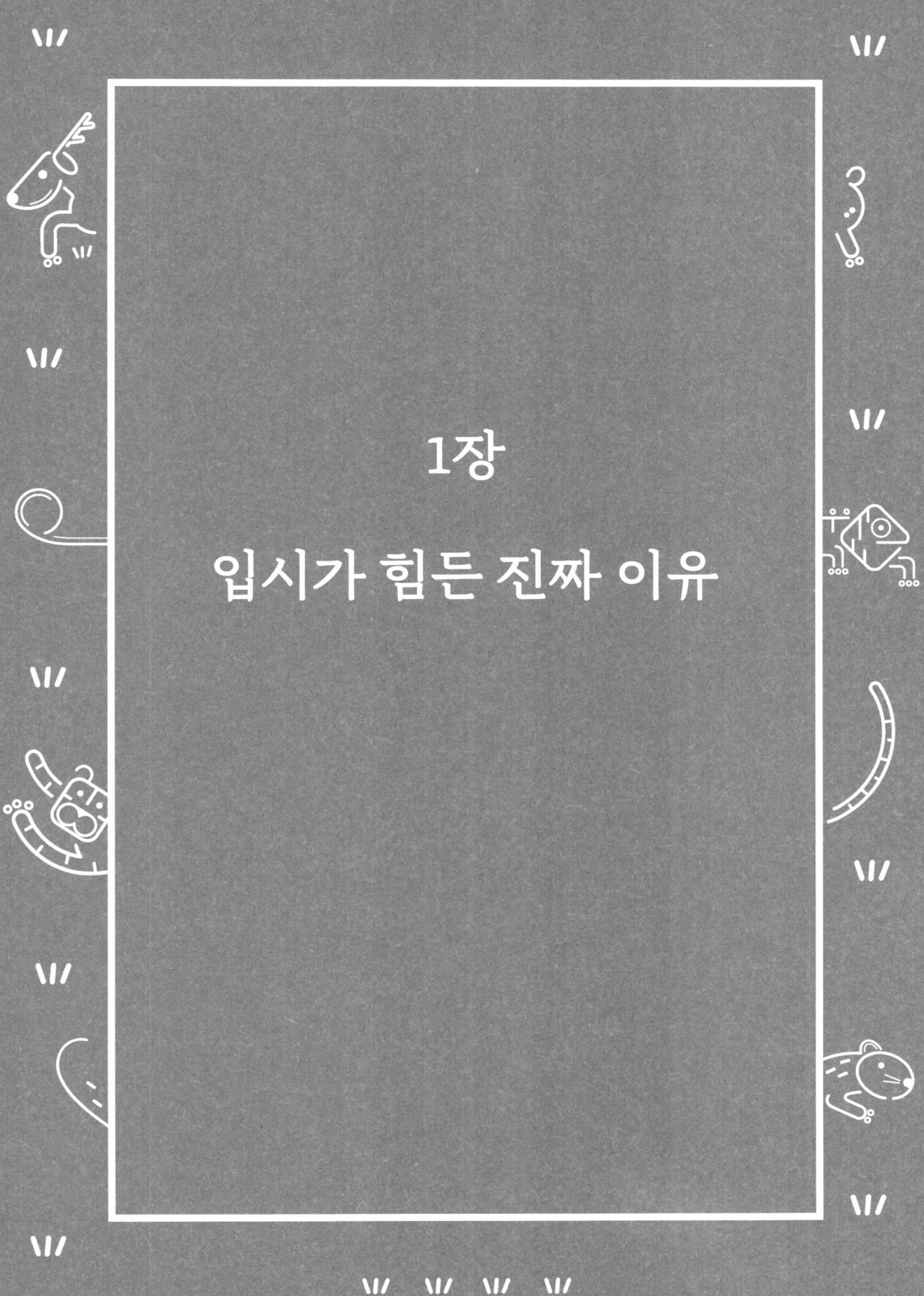

1장

입시가 힘든 진짜 이유

입시 현장에서 알게 된 것

　처음 컨설팅을 시작했을 때 학부모님을 상담하며 알게 된 놀라운 사실이 있었습니다.

　'잘 먹고, 잘 자고, 시키지 않아도 알아서 숙제를 하고, 스마트기기도 적당히 쓰고, 자기주도적으로 학습 계획을 세우고, 인생의 목표도 가지고 있어야 한다.'

　학부모님이 바라는 내 아이의 이상적인 모습입니다. 당시 저는 부모가 아니었기에 그 마음을 전부 이해할 수는 없었고 아이를 낳고 키우면 그렇게 되나 보다 싶었습니다. 사회인과 자녀로만 살았던 시기라 학생의 입장에서 아이들을 이해하는 것이 훨씬 수월했었습니다. 공부는 잘하고 싶지만, 하고 싶지 않은 마음, 잔소리는 싫지만 무관심은 더 싫은 그 마음을 잘 아니까요.

학습의 기술적인 면은 훈련으로 성장하는데, 제자리에 맴도는 아이들이 있었습니다. 창현이는 모범생이었습니다. 학교에서도 열심히 하고 부모님 말씀을 거역해본 적 없는 아이였죠. 공부를 잘하긴 하는데 좀 이상했습니다. 충분히 최상위권을 찍어야 하는 수준인데 상위권 유지조차 헐떡거리는 모양새가 어울리지 않았습니다. 눈망울만 봐도 성실이 묻어나오는 아이였습니다. 아무리 봐도 학습적인 문제가 특별히 보이지 않아서, 더 세심하게 아이를 관찰했습니다. 사춘기 지난 남자아이 특유의 자세와 말을 넘어선 무언가가 있었습니다. 상담 시간에 아이의 반복적인 표현에서 촉이 발동했습니다.

"공부만 잘하면 된대요. 저는 우리 집의 희망이라서 말 잘 듣고 하라는 거 하면 된대요. 다른 건 생각할 필요도 없다고요."

그냥 하는 추임새 같은 말이 아니었습니다. 아이는 어른의 말이 무거웠다고 털어놨습니다. 창현이를 바라보는 어른만 여섯 명이었던, 귀한 금쪽이였습니다. 무엇이 문제였을까요?

"괜찮아요, 저만 참으면 돼요."

자조적인 혼잣말이 늘어갈수록 창현이는 말라가는 선인장처럼 스스로를 지탱하는 힘을 잃어갔습니다. 사실 창현이는 베이스 기타 연주를 좋아했습니다. 학교 밴드 활동도 열심히 했는데, 친구들과 즐겨하던 롤게임 대신 밴드 연습을 선택할 정도였습니다. 연주 실력이 뛰어났지만 공부도 썩 잘했기 때문에 어른들은 잠깐의 시간도 허락하지 않았습니다. 아이가 서울대 법대에 진학해서 하루빨리 로스쿨에 들어가, 집안의 다른 어른들처럼 법조인이 되기를 바랐죠. 어머니는 창현이가 최상위권에 들지 못하는 이유가 기타 때문이라 여겼고, 공부를 더 하도록 학원을 늘리기를 원했습니다.

창현이는 공부를 더 잘할 수 있었던 아이였습니다. 서울대만을 원하는 어른들 때문에 스트레스를 받긴 했지만, 모의고사 성적은 유명 법대는 합격 가능한 수준이었습니다. 그런데 자기가 하고 싶은 의지나 바람이 단 하나도 허락되지 않으니, 빈껍데기처럼 변해버린 겁니다. 공부에 대한 감정이 좋을 리가 없었죠. 어차피 자기가 원하는 연주도 못 하고 대학 졸업 후 원치 않는 로스쿨이나 가야 하는데 왜 공부해야 하는지 모르겠다고 울음 섞인 목소리로 말했던 게 아직도 기억납니다. 대학 가서 밴드 동아리 하면 된다고 말해도 위로가 되지 않았고 아이는 오랫동안 지속된 어른들의 횡포에 아팠고 공부에 대한 상처도 깊었습니다. 누군가에게는 완벽한 아들로 보였던 창현이였는데, 속은 겉과는 너무도 달랐습니다.

훗날 제가 아이를 낳으면 망가뜨리지는 않아야겠다고 다짐하게 된 계기였습니다. 더 잘되게는 못하더라도 망쳐 놓지는 말아야겠다는 생각이 저절로 들었던 케이스였습니다. 아이가 원하는 바가 나와 달라도 억압하지 않겠다고 다짐했습니다.

창현이는 내신보다 모의고사가 월등히 좋으니 정시를 최대한 살리기로 결정했습니다. 진로에 숨 막혀하던 창현이는 긴 상담 끝에 수능 시험 이후로 진로 고민을 일단 미뤘습니다. 상담 시간에는 아이가 연습하던 곡, 무한궤도, 인공위성 등 대학 밴드의 음악을 번갈아가며 들었습니다. 뭐라 보탤 말이 없었습니다. 그래봐야 공부를 시키려는 농간으로 여겼으니까요. 상처 아물기를 기다리면 된다고 믿었습니다. 숨 쉴 공간이 되어주는 것만으로도 아이는 버티려 애썼습니다. 차마 상담일지에는 적지 못했지만, 자해의 흔적도 있었습니다. 자유의지가 꺾이면 인간이 어떻게 되는지 보면서 무서웠습니다. 대학 간판도 중요하고 직업도 중요하지만, 내 아이를 깊은 상처 주지 않으면 성공한 부모라는 생각이 들었습니다. 창현이는 그해 서울

중위권 법학과에 진학했습니다. 이후 몇 차례 더 수능에 도전했지만 기대만큼의 결과는 얻지 못했다고 하더군요. 이후 로스쿨에 합격했다는 소식이 들려왔지만, 졸업까지 했는지는 확인되지 않았습니다. 그 이야기가 제가 들은 마지막 근황이었습니다.

"선생님은 월급이 얼마예요? 선생님 차는 뭐예요? 그건 국산이잖아요. 국산 차 타야 하는구나. 왜 그런 차 타요?"

친밀감이 조금씩 형성될 무렵, 연우는 저에게 불편한 질문들을 쏟아냈습니다. 초등학생도 아니고 중학교 2학년이면 말을 가려 하거나 돌려서 물을 수 있을 나이인데 연우는 그렇지 않았습니다. 만만하게 깔보듯 내려보는 시선과 태도는 친구건 선생님이건 가리지 않았습니다. 일단 지켜보기만 했습니다. 상담 시간에 방문한 어머님이 문을 열고 들어와 인사를 나누는 순간 알았습니다. 아이는 어머니의 작은 거울이었습니다. 말투에 표현까지 연우는 관찰력이 뛰어났던 겁니다.

"제가 알아보니 월급이 얼마 안 되시더라고요. 쥐꼬리만 한 월급 받지 말고 우리 애나 직접 케어해주세요."

드라마를 눈앞에서 보는 기분이었습니다. 자신을 가르치는 이를 낮춰 보는데 학생이 선생님의 말씀을 새겨들을 리 없습니다. 결국 시간이 지나도 아이의 학습 변화는 미미했습니다.

선생님에 대한 존중, 타인에 대한 배려가 있는 아이로 키워야겠다고 다짐했습니다. 연우의 말과 행동은 다른 이를 불편하게 했습니다. 사실인데 뭐 어떠냐고 거짓말은 아니지 않냐며 자기 행동을 정당화해서는 안 됩니다. 사실이라 해도 그 자리 그 순간에 반드시 말을 해야만 하는 건 아니니까요. 담임 선생님, 교과 선생님, 학원 선생님, 차량 선생님, 기사님, 급식실 조리사님, 보안관님 등 아이들이 만나는 세상 속 어른과 친구들에게 함부로 대하지 않도록 교육해야 합니다. 저의 양육은 현재 진행 중이지만 어느 선생님에 대해서도 아이 앞에서 부정적인 표현을 하지 않습니다. 아이의 불평불만에 동조하지도 않습니다. 배우려는 자세는 자신에 대한, 타인에 대한, 더 넓게는 사회에 대한 배려의 다른 모습이라고 믿습니다.

고2 혜정이는 밝은 웃음과 좋은 성격으로 같이 있으면 기분이 좋아지는 에너지의 소유자였습니다. 그런데 성적이 의외로 낮아서 분석을 해보니 몸이 약해 수업에 집중을 못 했고, 조퇴와 병결이 반복된 결과였습니다. 문해력도 좋았고, 암기력도 상위권이었습니다. 학습 시간 자체가 아예 부족했고, 체력 회복이 덜 된 상태라 학습의 지속성이 떨어져 있었습니다. 좋다는 한약도 챙겨 먹어도, 아이는 성적 향상에 필요한 최소한의 시간을 꼿꼿하게 앉아서 몇 시간을 버티지 못했습니다.

반면 체력으로 뒤집은 아이도 있었습니다. 축구하다 그만둔 아이가 찾아왔습니다. 공이 좋아서 어릴 때부터 공만 찼는데 부상으로 대학 진학이 어려워졌다고 했습니다. 초등학교 이후로 공부를 해본 적이 없지만 대학에 가고 싶어졌다는 석현이었습니다. 비록 부상 때문에 축구선수는 못하지만, 재활과 물리치료에 관심이 생겼다고 했습니다. 진학이 가능한 대학을 묻는 석현이의 모의고사는 최저점이었습니다.

고2 겨울방학에 만나 1년이 채 되지 않는 시간, 석현이는 중학교 범위부터 시작했습니다. 학교 이외에는 오직 스터디카페에서 살았습니다. 안 하던 공부를 하려니 본인도 어려웠겠지만 티 내지 않았습니다. 수준에 맞는 학원을 찾을 수 없었기 때문에 인터넷 강의를 들으며 한 계단 한 계단 올라왔습니다. 영어 단어 20개 외우는 것도 버거워하던 아이가 9월 모의고사에서는 4등급까지 찍었습니다. 노베이스에서 시작했지만 원하는 재활치료학과에 입학했습니다. 11

개월을 단 하루도 쉼 없이 6시 기상, 12시 30분 취침으로 먹고 자는 시간을 제외하고 매달릴 수 있었던 체력에 저절로 탄성이 나왔습니다. 공부하는 데 체력이 얼마나 중요한지 다시금 알게 되었습니다.

앞의 사례에 나온 학생들의 공부를 지도했던 시절만 해도 입시 컨설팅이 지금에 비해 훨씬 수월했습니다. 정시 지원으로 3개만 결정하면 되기에 변수의 여지가 매우 적었습니다. 내신에 사활을 걸지 않아도 됐습니다. 성적에 맞춰서 진학을 시키면 됐습니다.

현재, 우리나라 입시는 내신 성적으로 지원할 수 있는 수시지원 6개와 수능 성적으로 지원하는 정시 3개가 선택지입니다. 고등학생이 됨과 동시에 입시의 방향을 잡아서 학교생활기록부에 기록을 남겨야 합니다. 재수도 학생부종합전형 등으로 지원할 수 있는 대학이 있으므로 학교생활은 경쟁의 일상입니다. 내신 성적은 상대평가로 진행됩니다. 생기부도 쓸모 있게 채워야 하고 내신 성적도 잘 받아야 합니다. 과목별로 진행되는 팀별 과제라면 신경 쓸 것이 여럿입니다.

일단 공부하려는 의지가 있는 아이라면 정말 다행입니다. 무슨 일이든 하려는 의지가 얼마나 중요한지 우리 모두 압니다. 특히나 입시를 앞둔 고등학교 학습은 그 중요도를 언급할 필요조차 없습니다.

입시 컨설팅을 하고 학습 코칭을 진행할수록 깨닫게 된 건 아이들에게 부족한 건 학습이 아니라는 역설적인 사실이었습니다. 공부 의지나 동기는 고사하고 삶에 대한 마음도 다져지지 않은 경우가 점점 늘었습니다. 부모가 육아에 대한 관심은 크게 늘었는데, 반해 아이들의 학습 능력은 입시 기준으로 봤을 때 크게 달라지지 않았습니다. 취학 전, 초등, 중등에도 그렇게 많이 비용과 시간을 들여서 입시를 통과하기 위해 달려가는데 성과는 비례하지 않습니다. 우리나라 사교육 시장 규모는 약 33조 원에 이릅니다. 2023년 기준 교육 참여율은 78.5%, 주당 참여 시간은 7.3시간으로 전년 대비 각각 4.5%, 0.2%p 증가했습니다. 월 사교육비는 초등학교 46만 2천원(2.5만 원, 5.7%↑), 중학교 59만 6천원(2.1만 원, 3.7%↑), 고등학교 74만 원(4.3만 원, 6.1%↑)입니다. 전체 학생 수는 줄어드는데 사교육 시장은 더 커지고 있습니다.

고등학교 진학 전까지 많은 시간과 노력을 들여 교육했다면 그 결과가 입시에 효과를 발휘해야 하지 않을까요? 자식 교육에 무슨 돈 계산을 따지냐고 반문하실 수도 있지만 제 생각은 다릅니다. 대학이 취업학원으로 기능하는 현재의 고등교육에서 초중고의 적정선을 넘는 지원은 '묻지마 투자'에 가깝습니다.

우스갯소리로 호적은 바꿔도 대학 졸업장은 못 바꾼다는 말이 있습니다. 아직도 이런 인식이 팽배한 사회에서 살면서 대학 간판을 쉽게 치부하기는 어렵습니다. 자식의 앞날에 좋은 것만 주고 싶은 그 마음을 알지만 그 '좋음'이 무엇인지에 대해서는 이제 다시 생각해볼 필요가 있습니다.

불안과 죄책감 사이에서 자기자신 찾기

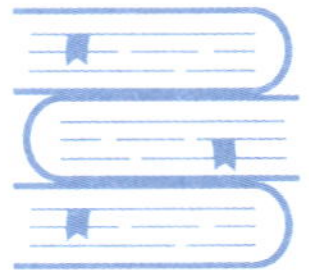

노란색 버스가 늦은 시간까지 집 앞을 지나다닙니다. 어린이집, 유치원, 영어 유치원, 미술 학원, 태권도 학원, 피아노 학원, 바이올린 학원, 발레 학원, 수영 학원, 농구 학원, 줄넘기 학원, 축구 학원, 독서 학원, 속독 학원, 스피치 학원, 논술 학원, 국어 학원, 영어 학원, 그리고 수학 학원. 출생률이 낮다고 아우성치는데 눈에 보이는 학원 차량의 수는 줄어들지 않습니다.

사교육 광고를 보면 지금도 늦었다며 불안을 자극합니다. 혹여라도 부족한 정보로 인해 내 아이가 손해라도 볼까 싶어 이곳저곳 알아보고 좋다는 걸 시키게 되죠. 재원이 충분하면야 좋다는 거 다 시켜주고 싶지만 그럴 수 있는 처지는 아니기에 남들 만큼만이라도 지원해주고 싶은 게 부모 마음입니다. 그 마음을 누가 지적할 수 있겠습니까.

사랑하는 자녀에게 고통과 좌절을 주고 싶은 부모는 없습니다. 당연히 꽃길만 걷게 하고 싶지요. 부모가 살아보니 현재의 대한민국에서 사는 이상 꽃길에 가까워지는 방법이 공부였고, 아주 오랜 시간 동안 그랬습니다. 세상이 급변하고 있다고는 하나 우리나라에서는 여전히 학력이 사람을 평가하는 강력한 도구입니다.

경제가 급속히 발전하던 시기에 자녀는 인력이었습니다. 일하기 위해, 사회에서 기능하기 위해 당연히 학교를 가야 했고, 일해야 했습니다. 공부를 잘하면 좋은 일자리를 구하기에 수월했습니다. 그 시간을 살아낸 사람들이 아이를 낳고 키우면서 공부를 중점에 두는 건 너무도 당연한 결과입니다.

학교 교육만으로는 원하는 대학 진학이 어렵다고 인식되는 현실 앞에서, 부모로서 이를 지켜보기만 하기는 쉽지 않습니다. 입시 과정에서는 학업 성취도가 높음에도 불구하고 기대한 결과를 얻지 못하는 경우가 있는가 하면, 학업 외 요소로 성과를 거두는 사례도 존재합니다. 이러한 상황에서 내 아이에게 조금이라도 더 많은 정보와 지원을 제공할 수 있다면 결과가 달라질 것이라는 기대를 하게 되는 것은 자연스러운 일입니다.

정보가 중요한 세상이니 정보라도 알아야 할 것 같습니다. 심지어 공부는 아이의 몫, 정보는 부모의 몫이라는 사교육의 마케팅을 보고 있노라면 아무것도 안하면 부모 노릇 제대로 못 하는 양 느껴집니다. 부모도 자식도 어느 한 명도 편할 수 없는 세상입니다. 아이들은 공부와 수행평가만으로도 바쁘다고 하니, 부모는 과제를 확인하고 학원을 알아보고 시험에 대한 정보를 찾아 보려합니다.

우리는 알고 있습니다. 공부는 스스로 해야 한다는 걸 결코 모르지 않지요. 하고 싶은 의지가 중요하고, 이루고 싶은 꿈도 있으면 좋다는 걸 압니다. 의욕 없는 아이에게도 이 시간만 축내라고 할 수는 없으니 어쩔 수 없이 공부 타령이라도 하게 됩니다. 아이의 삶이 험난하길 바라지 않으니까요. 걱정되니까요.

입시가 인생의 전부는 아니지만, 결과가 좋을 경우 사회적 인정으로 이어졌던 시기가 있었습니다. 대학 서열과 개인의 행복이 반드시 일치하지는 않더라도, 학력이라는 배경이 이후 삶을 위한 하나의 발판이 된다고 믿어왔습니다. 그것이 최소한의 출발선으로 여겨지던 시대였습니다. 경제 성장기에는 대학에서 습득한 지식과 자격을 바탕으로 사회적 성장이 일정 부분 가능했습니다. 그러나 경제 성장이 뚜렷하게 둔화되고 인공지능이 인력을 대체하고 있는 지금의 현실에서도, 여전히 그 시절의 관점으로 입시와 학력을 바라보고 있는 것은 아닌지 돌아봐야 합니다.

부모 세대는 대학에 진학하는 방법이 한 가지였습니다. 고등학교 1학년까지 놀아도 정신을 차리고 2~3학년 바짝 공부하면 대학 입학 시험에서 성적을 받을 수 있었습니다. 준비해야 하는 시험이 한 가지였으니까요. 우리 아이들은 다른 세상에 삽니다. 말씀 드린 것처럼 수시 6번, 정시 3번의 기회가 있습니다. 수시는 한 번의 시험이 아닌 고등학교 전체의 시간을 평가합니다. 같은 교실, 옆 반, 모두 경쟁자입니다. MZ 세대가 평가의 공정에 역사 속에서 가장 민감한 세대라는 평은 그냥 나온 말이 아닙니다. 중간·기말고사, 수행평가, 기타 활동까지 모두 기록의 대상입니다. 전부 다 잘해야 한다는 압박은 아이들을 힘들게 하는 가장 첫 번째 굴레입니다. 자기 성적과는 상관없이 큰 짐입니다. 뭘 해도 먹고 살 수는 있는 세상이지만 격차가 매우 큽니다. 그 격차는 미디어를 통해 더욱 빠르게 증폭됩니다.

아이들이 암담하게 느끼는 건 어쩌면 당연한 결과 아닐까요?

타인의 삶은 그 누구도 대신해주지 못합니다. 내 몸을 빌려 태어난 자녀도 똑같습니다. 선택도 책임도 모두 아이의 몫입니다. 해낼 수 있도록 충분히 격려하고 도와주고 지지하는 시간이 필요할 뿐입니다.

입시는 변합니다. 언제나 변했습니다. 앞으로도 변하겠지요. 그러나 공부는 학생이 한다는 사실은 절대 변하지 않습니다. 시키는 공부는 입시의 초입에서 약간은 통할 수도 있겠지만 결코 길게 가지 않습니다. 대학 이후의 공부도 사교육으로 대신하시겠습니까? 범위가 정해진 공부는 그리 많지 않습니다. 길게 봐야 합니다. 대학만 가면 살도 빠지고, 연애도 하고, 취업도 저절로 될 것처럼 듣고 자란 세대, 자녀에게도 반복하고 싶은지 궁금합니다. 힘든 입시 시기에도 부모가 원칙에 바탕을 두고 자녀 교육을 한다면 앞으로 자녀의 삶이 성공적으로 나아가도록 방향을 잡아줄 수 있습니다.

그러므로 아이 앞에서 어른의 불안과 걱정을 그대로 드러내며, 결론 없는 이야기를 반복할 필요는 없습니다. 학원을 하나 더 보낸다고 해서 상황이 본질적으로 달라지는 경우는 많지 않습니다. 의견을 나누는 토론이라면 의미가 있지만, 아이의 성적을 '사실'이라는 이유로 비난하는 일은 누구에게도 도움이 되지 않습니다. 그것을 필요한 자극이라고 오해해서도 안 됩니다.

아이들은 이미 충분한 자극 속에 놓여 있습니다. 같은 반 친구, 옆 반 학생, 동아리 친구, 같은 학원에 다니는 또래들의 모습을 매일 보고 듣습니다. 아이에게도 판단할 눈과 귀가 있습니다. 모두가 한 방향을 향해 달려가는 환경 속에서, 사춘기 전후의 아이가 느끼는 부담과 혼란은 결코 가볍지 않습니다. 그 속에서 아이들은 자신의 일상을 살아가야 합니다. 불안하든, 불안하지 않든 그 시기는 결국 지나갑니다. 인생에서 큰 비중을 차지하는 시기이기에 긴장을 느끼는 것은 너무나 자연스러운 일입니다. 그렇다고 해서 모든 시간을 수능 시험 당일처럼 보낼 필요는 없습니다.

아이에게는 분명히 전해주셔야 합니다. 괜찮다고, 실수해도 괜찮고, 넘어져도 괜찮다고 말입니다. 중간고사 한 번의 실패로 입시 전체가 두너지는 것은 아니라고, 부모가 먼저 말해주어야 합니다. 아이는 이미 충분히 애쓰고 있고, 그 자체로 버거운 시간을 지나고 있습니다. '괜찮다'는 말에 담긴 마음을 아이들은 알고 있습니다. 지금까지 자신을 길러준 부모의 목소리 톤만 들어도, 그 진심을 아이들은 압니다. 그러니 우리 말 보태지 말기로 해요.

복잡해 보이는 입시,
단순하게 만나기

현재 대학을 지원하는 방법은 크게 두 가지입니다. 학교 내신 성적으로 진학하는 방법인 수시지원이 있고, 예전 학력고사나 수능과 비슷한 맥락의 정시 지원입니다. 수시지원은 고등학교 1학년 1학기부터 3학년 2학기까지 중간고사와 기말고사의 성적을 바탕으로 6개의 학교에 지원할 수 있습니다. 수시지원은 학생부종합전형과 학생부교과전형으로 크게 구분됩니다. 대학수학능력고사를 치르고 받은 성적으로 3개의 학교에 지원하는 방법이 정시 지원 입니다.

‘등급’이라는 점수 체계로 나타나는 교과학습발달상황 이외에도 각종 수행평가와 독서활동상황, 수상경력, 창의적 체험활동상황, 행동특성 및 종합의견을 채워야 학생부종합전형을 지원하는 바탕이 마련됩니다. 학생부교과전형은 교과학습발달상황으로 지원하는 제도입니다. 쉽게 말해 교과 성적이 핵심입니다. 아이들이 시험과 내신성적에 대한 스트레스가 클 수밖에 없죠.

내신 성적도 기준이 원점수가 아닙니다. 등급제입니다. 학교생활기록부에 5등급으로 성적이 표기됩니다(2026년 고등학교 3학년인 경우는 9등급으로 표기되는 마지막 학년입니다). 아이가 받아오는 점수 자체로 잘했음의 여부를 판단할 수가 없습니다. 원점수가 70점이어도 1등급이 되기도 하고 아니기도 하니까요. 그러면 중간고사 한 번 망쳤으니 수시는 포기하고 정시 준비해야겠다고 울고불고하며 속상해하는 아이에게 무슨 말을 해줘야 할까요? 의대, 치대, 한의대, 약대, 수의대를 꼭 지원하고자 한다면 해줄 말이 없긴 합니다. 그러나 그 외 학과를 목표로 하고 있다면 중간고사 점수가 부족하다고 해서 수시를 통째로 포기하면 절대로 안 됩니다.

문과와 이과의 구분도 달라집니다. 2028학년도 대학수학능력시험부터는 수능 도입 이후 30여 년 만에 처음으로 문·이과 구분이 사라지고, 모든 수험생이 동일한 시험을 치르게 됩니다. 선택과목 체제가 폐지되고 공통과목 중심으로 재편됩니다.

국어는 화법과 언어, 독서와 작문, 문학을 공통으로 응시하고, 수학은 대수, 미적분 I , 확률과 통계를 함께 치릅니다. 탐구 영역 역시 통합사회와 통합과학을 필수로 응시하도록 설계되었습니다. 계열에 따라 과목을 달리 선택하던 구조에서, 전 영역의 기본 소양을 함께 평가하는 방식으로 방향이 바뀐 것입니다.

그동안 과목을 분리해 평가하면서 형평성 논란은 매년 반복되었습니다. 같은 점수를 받아도 어떤 과목을 선택했는지에 따라 유불리가 달라졌고, 학생과 학부모는 전략적 선택을 두고 고민해야 했습니다. 적어도 그런 선택에 대한 고민은 사라졌습니다. 특정 과목에만 강점이 있는 구조로는 상위권을 유지하기 어려워졌다는 의미이기도 합니다.

초·중등 학부모 입장에서는 또 다른 고민이 생깁니다. 외국어고와 국제고의 일반고 전환 발표는 특목고 준비의 필요성을 다시 묻게 합니다. 여기에 정시에서도 내신을 반영한다는 움직임까지 더해지면, 제도의 방향을 단정하기 어려워 헛웃음이 나올 수밖에 없습니다. 의과대학 진학을 굳이 언급하지 않더라도, 현재의 입시 환경은 구조적 변화가 이어지는 과도기입니다. 그래서 더욱 중요한 것은 단편적인 정보에 흔들리기보다 제도의 큰 흐름을 이해하고 아이의 학습 기반을 차분히 다지는 일입니다. 제도가 바뀌어도 결국 평가하는 것은 기본 학업 역량과 자기 관리 능력이라는 사실은 크게 달라지지 않기 때문입니다.

2022 개정 교육과정에 따라 2025년부터 고교학점제가 도입되고, 성적 체계도 기존의 9등급에서 5등급으로 변경됩니다. 이로 인해 아이가 받는 성적의 의미를 이해하는 데에도 이전보다 더 많은 노력이 필요해졌습니다. 더 나은 교육 환경을 모색한 결과로 제도가 개편되었음은 분명하지만, 이미 복잡하게 느껴지는 입시에 또다시 변화가 더해졌다는 사실에 부담을 느끼는 부모도 적지 않습니다.

최소한 이러한 내용의 대화를 아이와 나눌 수 있다면, 두 가지는 분명히 확인할 수 있습니다. 아이와의 친밀한 관계가 여전히 유지되고 있으며, 상급학교 진학에 대해서도 충분히 의논할 수 있는 상태라는 점입니다. 조금 부족하다고 느껴지는 부분이 있다면, 지금부터라도 차근차근 채워나가면 됩니다.

다음 자료는 교육부 발표 보고서입니다.

① 2028 수능 개편안 요약

영역		현행(~2027수능)	개편안(2028수능~)
국어		공통 + **2과목 중 택 1** • 공통: 독서, 문학 • 선택: 화법과작문, 언어와매체	공통 (화법과언어, 독서와작문, 문학)
수학		공통 + **3과목 중 택 1** • 공통: 수학Ⅰ, 수학Ⅱ • 선택: 확률과통계, 미적분, 기하	공통 (대수, 미적분Ⅰ, 확률과통계)
영어		공통 (영어Ⅰ, 영어Ⅱ)	공통 (영어Ⅰ, 영어Ⅱ)
한국사		공통 (한국사)	공통 (한국사)
탐구	사회·과학	**17과목 중 택 1** 사회: 9과목 한국지리, 세계지리, 세계사, 동아시아사, 경제, 정치와법, 사회·문화, 생활과윤리, 윤리와사상	사회 공통 (통합사회)
		과학: 8과목 물리학Ⅰ, 화학Ⅰ, 생명과학Ⅰ, 지구과학Ⅰ, 물리학Ⅱ, 화학Ⅱ, 생명과학Ⅱ, 지구과학Ⅱ	과학 공통 (통합과학)
	직업	1과목: **5과목 중 택 1** 2과목:공통 + 1과목 • 공통: 성공적인직업생활 • 선택: 농업기초기술, 공업일반, 상업경제, 수산·해운산업기초, 인간발달	직업 공통 (성공적인 직업생활)
제2외국어 /한문		**9과목 중 택 1** • 제2외국어/한문: 9과목 독일어Ⅰ, 프랑스어Ⅰ, 스페인어Ⅰ, 중국어Ⅰ, 일본어Ⅰ, 러시아어Ⅰ, 아랍어Ⅰ, 베트남어Ⅰ, 한문Ⅰ	**9과목 중 택 1** • 제2외국어/한문: 9과목 독일어, 프랑스어, 스페인어, 중국어, 일본어, 러시아어, 아랍어, 베트남어, 한문

※ 음영 표기는 절대평가 적용 영역.

2 고교 내신체제 개편

○ **기존의 내신 9등급제는 5등급제로 개편**
  1등급(10%) － 2등급(24%, 누적34%) － 3등급(32%, 누적66%) － 4등급(24%, 누적90%)
  － 5등급(10%, 누적100%)

○ **과목 평가결과는 절대평가(A~E)와 상대평가(1~5등급)를 함께 기재**
  ※ 체육·예술·교양 교과(군), 과학탐구실험 과목은 절대평가 성취도만 기재

○ **지식암기 위주 평가(5지선다형)는 가급적 지양, 사고력·문제해결력을 평가할 수 있는 논·서술형 평가 확대**

〈과목별 성적 산출 및 대학 제공 방식(확정)〉

구 분 원점수	절대평가		상대평가	통계정보		
	원점수	성취도	석차등급	성취도별 분포비율	과목평균	수강자 수
보통교과	○	A·B·C·D·E	5등급	○	○	○
사회·과학 융합선택	○	A·B·C·D·E	－	○	○	○
체육·예술/ 과학탐구실험	－	A·B·C	－	－	－	－
교양	－	P	－	－	－	－
전문교과	○	A·B·C·D·E	5등급	○	○	○

평가 방식의 변화는 사교육 현장에서는 곧바로 새로운 커리큘럼을 설계하는 기준이 됩니다. 논·서술형 평가는 단순한 지식 암기를 넘어, 내용을 이해하고 자신의 언어로 설명할 수 있는 수준을 요구하는 것으로 해석됩니다. 그 결과, 논술·독서·글쓰기 학원에 대한 수요는 꾸준히 증가하고 있으며, 전국적으로 확장되는 지점 수만 보아도 그 흐름을 짐작할 수 있습니다.

이러한 역량은 단기간에 형성되기 어렵기 때문에, 어린 연령부터 읽고, 쓰고, 정리하고, 발표하는 훈련을 핵심 과정으로 삼는 커리큘럼이 자리 잡았습니다. 수능 국어가 어려워지면서 아이가 태어났을 때부터 준비해야 한다고 강조하는 한 논술 학원은 더 유명세를 떨치고 있습니다. 대치동에 본사를 둔 비슷한 독서·논술 학원도 마찬가지입니다.

'국어 1등급은 집을 팔아도 어렵다'는 말이 초·중등 학부모에게 더욱 매진하게 만드는 현실일까 싶기도 합니다. 매년 발표되는 수능 과목별 만점자가 국·영·수 중에 국어가 압도적으로 적은 걸 보면 일정 부분 사실이기도 하니까요. 책을 읽으면 되는지, 책을 읽고 꼭 같이 글을 쓰고 토론을 해야 하는지, 그렇지 않으면 우리 아이는 뒤처지는 건가 싶은 생각이 드는 건 왜일까요?

대치동에 성공기가 많은 이유

　대치동은 명실상부한 대한민국 사교육의 1번지입니다. 대치, 목동, 중계, 분당으로 이어지는 학군지에서 단연코 탑을 달리고 있습니다. 아이의 수준에 맞춰줄 과목별 학원이 세세하게 포진되어 있고, 학부모들이 원하는 면학 분위기도 잘 조성되어 있다는 이유만은 아닐 겁니다. 목동과 중계도 엄청나게 많은 학원이 포진되어 있습니다. 그럼에도 대치동이 이름만으로도 파워를 얻게 된 계기는 '킬러 문항'이 시작이었다고 봅니다. 의대 쏠림이 시작될 무렵, 과학 탐구와 수학에서의 킬러 문항이 입시의 당락을 좌우할 때 S학원이 독보적으로 앞서나갔습니다. 그렇게 해당 학원으로 최상위권 학생들이 모이게 되면서 기존의 학군지 중 최강자로 등극하게 되었습니다. 잘하는 아이들이 모이면 진학 결과도 당연히 좋습니다.

'10명 중 1명 vs. 100명 중 10명'.

어느 편의 성공기가 더 많을까요? 당연히 후자입니다. 결과를 배출하는 확률만 놓고 보면 같지만, 실제로 후기 1개와 후기 10개가 주는 인상은 전혀 다릅니다. 게다가 지방에서도 방학이면 근처에 숙소를 잡고 특정 학원의 수업을 들으러 단체로 대치동에 방문합니다. 주말에 열차를 타고 와서 하루 종일 수업 듣고 가기도 합니다. 이렇게 전국에서 공부 잘하는 아이들이 대치동으로 모이니 '대치동 노력담', '대치동 성공담'이 흘러넘쳐 보이는 것이죠.

대치동 주민을 구분하는 말도 있습니다. 대치동 원주민(대원족)은 이미 입시가 끝난 경우가 많고, 대치동 원주민 2세대가 대치동에 재입성한 경우는 연어족이라고 합니다. 대치동 전세족(대전족)도 있습니다. 대전족의 경우 아이가 확실하게 공부에 대한 가능성이 보이거나 부모의 의지가 강력한 편입니다. 대치동 학원가로 원거리 통학하는 원정족이었다가 라이딩에 지쳐서 대전족이 되기도 합니다. 해외

유학이나 거주를 한 후 한국을 귀국한 학생, 즉 리터니도 대치동에 혼합니다. 일단 대치동의 사교육 파워를 믿고 활용하려는 부모의 수 자체가 많습니다. 그러니 얼마나 많은 성공담이 쌓이겠습니까?

100명 중에 10명이 성공한다고 예를 들었지만 실제로는 다른 지역보다는 월등히 많습니다. 공부 잘하는 아이들이 모여 있다고 했으니 100명 중 50명의 아이가 입시에 성공했다고 가정해보죠. 그렇다면 나머지 50명의 아이는 어떻게 되었을까요?

대치동의 실패는 말이 없습니다. 성공담은 입에서 입으로 전해지지만, 실패담은 꼭꼭 숨깁니다. 아이에게 이상이 생기면 소리 소문 없이 사라집니다. 학원에서 그 아이의 자리는 빠르게 대체됩니다. 등록하려는 아이는 차고 넘치니까요. 정신건강의학과를 학원처럼 다니고, 한의원에서 처방받은 총명탕을 먹으며 공부에 힘을 쏟아도 버거워하는 아이들이 있습니다.

확증편향이라는 심리학 용어가 있습니다. 사전적 정의는 이렇습니다. ‘확증편향은 인지적 편향의 일종으로, 기존에 형성된 사고나 가치, 신념에 일치하는 정보들만을 받아들이려고 하는 경향을 뜻한다. 신념과 객관적 사실이나 상황이 배치되어 내적인 갈등이 일어나는 경우에 사람들은 자신의 생각을 바꾸거나, 반대로 기존의 관념을 유지한 채 정보를 취사선택하는 태도를 보인다.' 유난히 교육시장에서 학부모에게 확증편향이 많이 보입니다. 내 아이는 성공하리라는 마음으로 시간과 비용을 아낌없이 쏟지만, 리스크에 대해서는 애써서 고민하길 거부합니다.

'고시'는 성공에 대한 열망이 담겨 있습니다. 사법고시, 행정고시, 외무고시, 임용고시, 국가고시처럼 고시는 공부하고 노력해야 얻을 수 있는 상징이었습니다. '고시' 다음의 삶에 대한 보장처럼 느껴지는 부분이 분명히 있습니다. 사법고시는 로스쿨로, 외무고시도 5급 공개경쟁채용시험으로 대체되며 '고시'라는 단어가 지녔던 사회적 무게감은 과거보다 옅어졌습니다. 그럼에도 '7세 고시'라는 표현은 나이와 결합되면서 강한 이질감을 만들어냅니다. 마치 불안을 자극하기 위해 만들어진 마케팅 브랜드처럼 느껴집니다.

7세 고시, 대치동 탑 10, 탑 3, 영어 학원에 보내기 위해 더 어린 연령에서 시작되는 영어학습은 대학입시의 출발점처럼 인식되고 있습니다. 7세 고시를 통과하면 대치동 로드맵 트랙을 무사히 달리기 시작했다는 의미가 되죠. 시사 프로에서 이 현상을 보도한 후, 오히려 대치동 학원가가 더 바빠졌다고 합니다. 집에서 뒹굴뒹굴하고 뛰어다니기 바쁜 내 아이에게 적기 교육을 놓치는 게 아닌가 불안이 엄습한 데다 새로운 방법을 알게 된 부모의 문의가 쏟아졌다는 겁니다. 경쟁이 심한 대치동 엄마들이 선택했으니 이유가 있겠지 싶어서 묻지도 따지지도 않고 시험준비부터 시키는 분들이 많아졌습니다.

7세 고시의 영어 시험은 15분에서 20분 동안 5개의 문단으로 서론-본론-결론을 써 내려가야 하는 형식입니다. 읽기영역(리딩)의 시험문제 수준은 수능영어 수준입니다. 그 영어 학원의 커리큘럼, 수학에 집중하는 코스가 내 아이에게도 적합할까요?

초등학교부터 중학교까지는 전국 단위의 공식 시험이 없어 아이의 학습 수준을 객관적으로 가늠하기가 쉽지 않습니다. 이러한 이유로, 아이의 실력과 가능성을 확인하기 위한 수단으로 유명 학원의 레벨 테스트를 선택하는 학부모가 적지 않습니다. 부모의 입장에서 아이의 현재 위치를 파악할 다른 뚜렷한 기준이 없는 상황이기 때문입니다. 그래서 대치동으로 모이는 학부모의 마음을 이해는 합니다.

그런데 아이의 실력을 알고 싶다는 부모의 마음속에는, 과연 어느 정도의 불안이 들어 있을까요? 사교육을 선택하는 과정에서 불안 마케팅에 휩쓸린 건 아닌가요? 그 불안은 입시가 끝날 때까지 형태를 바꾸며 따라다니는 경우가 많습니다. 부모의 불안은 아이가 금세 알아차립니다. 불안을 아이에게 전염시키고 있지 않으십니까?

학습 컨설팅
이야기

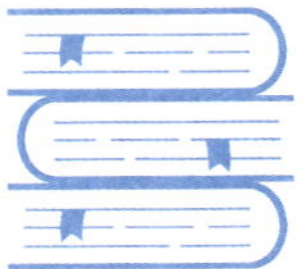

　'로드맵 컨설팅, 진로 컨설팅, 정시 컨설팅, 수시 컨설팅, 학생부종합전형 컨설팅, 연간 관리 컨설팅, 학습 컨설팅, 자소서 면접 컨설팅 등.'

　어느 컨설팅 학원의 광고 배너입니다. 아이가 아직 어리면 로드맵을 보고 큰 그림을 그려야 할 것 같고, 적성에 맞는 방향으로 진로 상담도 해야 할 것 같고, 공부 제대로 하는지 점검하려면 학습 컨설팅도 받아야 할 것 같습니다. 학생부종합전형 컨설팅과 연간 관리 컨설팅도 있어야 애한테 맞춘 로드맵이 만들어질 것 같습니다. 수시와 정시 성적으로 어디까지 지원 가능한지 알려면 상담을 꼭 받아야 할 것처럼 느껴집니다.

로드맵 컨설팅이라는 게 뭔가 찾아보니 이렇게 설명합니다.

> ※ 현재의 가능성을 기회로 바꾸는 통찰력 있는 판단: 모의고사 성적 분석(정시 합격권 판단), 학생부 교과 분석(내신, 수상, 세특, 심화 등), 학생부 비교과 분석(자율, 동아리, 봉사, 진로 독서, 종합의견 등)
> ※ 학생의 잠재력을 반영한 입시 방향과 목표 제시: 서류 및 활동 분석, 희망 대학 및 학과 검토, 대학별/학과별 지원전략, 강점 파악을 통한 동기부여

부모가 알고 싶어하는 내용 대부분이 들어 있습니다. 상담만으로 아이의 장래가 밝게 펼쳐질 것만 같습니다. 도대체 대학입시가 왜 이렇게 된 걸까 싶은 일단 접고, 아이 대학을 보내는 게 우선이니 솔깃하게 됩니다. 받으면 더 나을 것 같기도 하고, 우리 애한테 맞는 걸 전문가가 부모보다 더 잘 찾아주지 않을까 싶기도 합니다. 입시 시장이 무엇이든 세부적으로 다 해야 한다는 마케팅에 걱정도 되고 불안도 합니다.

앞에 말씀드린 대로 컨설팅이나 학습 상담은 참고용입니다. 일단

공부를 해서 성적이 나와야 그 자료를 바탕으로 분석을 할 수 있습니다. 전문가의 손길이 닿으면 어느 정도의 진척은 있겠지만, 저렇게 많은 내용을 분석하고 상담한다면, 비용도 만만치 않습니다. 심지어 한 번에 끝나는 게 아니라 '추적' 컨설팅을 하면 비용이 더 올라가겠죠.

진단을 위해 도움을 받고 싶다면 좋은 선택이지만, 답을 찾기 위한 목적으로는 결코 적당한 방법이 아니라고 말씀드리겠습니다. 영어로 프레젠테이션하는 학생과 내신 따라가기도 벅찬 수준인 학생의 간격은 짧은 시간 내에 좁혀지기 어려우니까요. 뭐라도 시키면 중간은 가겠지 싶은 마음이라면 아이와 아이를 가르치는 선생님과의 상담을 더 해보시길 권합니다. 아이를 가르친 선생님들과 단원별로 아이의 수준, 학습의 태도, 전체적인 역량에 대한 솔직한 대화를 먼저 해보시고 나서 컨설팅을 받으셔도 됩니다. 겹치는 부분이 분명히 있습니다. 그 부분을 보완하기 위해서 구체적인 도움을 받고 싶으시다면 그때는 컨설팅 방문을 추천합니다. 과제 지속력이 부족하다면 옆에서 신경 써서 챙겨줄 선생님 필요합니다. 아이가 밟아온 학원의 레벨이 아니라 학습의 습관과 태도를 세부적으로 살펴보시길 바랍니다. 그래야 누군가의 조언이 가치 있게 쓰일 테니까요.

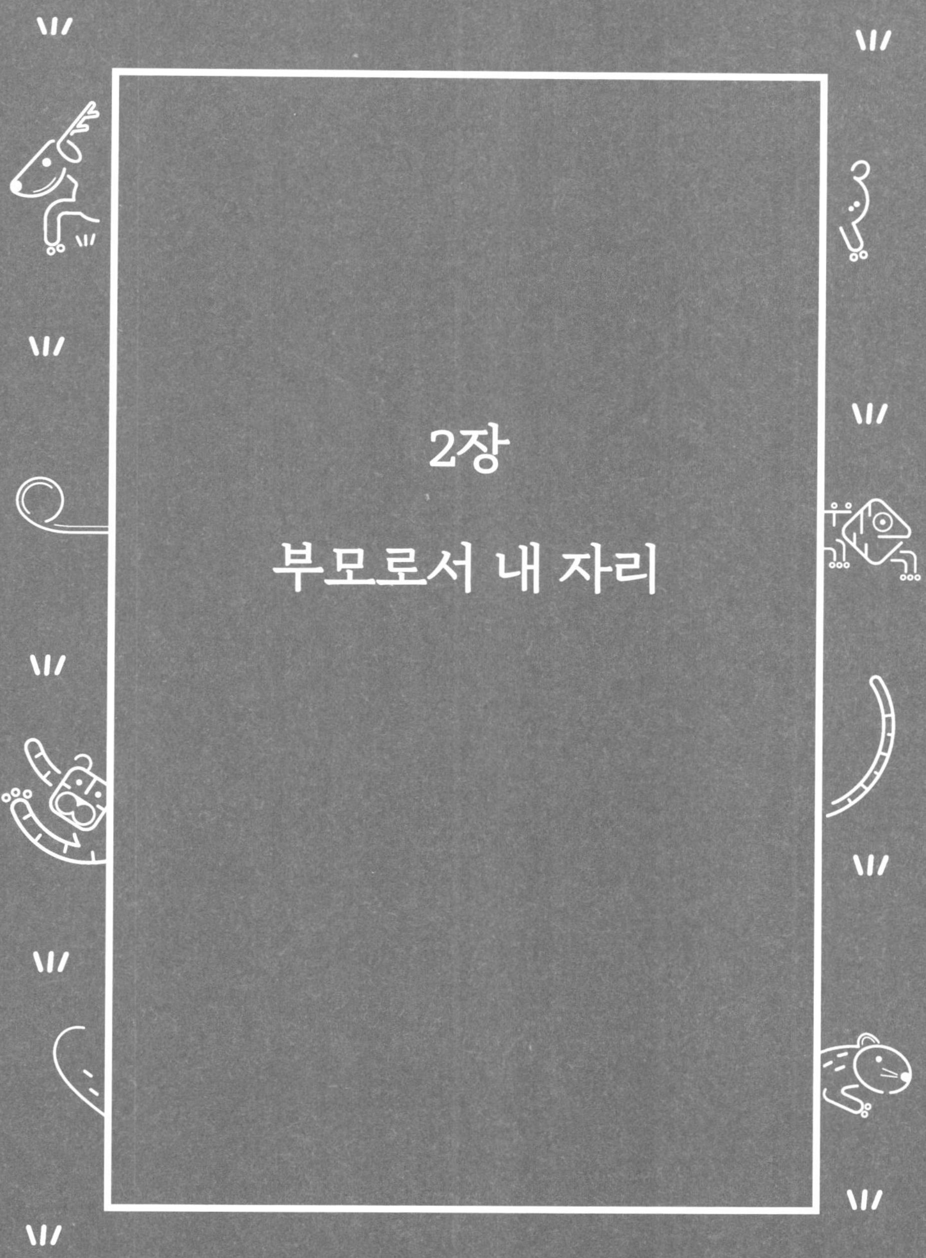

2장

부모로서 내 자리

부모가 하지 말아야 할 역할

1. 강사

혹시 직업이 전문 강사이신가요? 선생님이신가요? 그러면 코칭을 도전해볼 만 합니다. 하지만 그렇지 않다면 물러나시길 권합니다. 자기 자식은 가르치는 것이 아니라는 말이 있죠. 엄격한 유태인처럼 아비가 가르침을 전담하고, 오랜 시간 생활 속에서 실천했다면 가능하겠지요. 하지만 이곳은 한국이고, 입시를 목전에 두고 있다면 해당되지 않습니다. 가르치지 마세요.

지금 대한민국에서 엄마표 학습에 대한 관심은 역대 최고입니다. 엄마표를 하지 않으면 뒤처지거나 나쁜 엄마가 된 것 같다고 하소연하는 분들도 많습니다. 엄마표 학습을 시작했다가 서로 기분이 상하고 아이의 수준에 충격받았다는 말도 하십니다.

'지금 이 아이는 남의 아이다. 나의 학생이다.'

이렇게 학생으로 대할 수 있고, 객관적인 시각으로 볼 수 있다면 엄마표 학습도 효과를 볼 겁니다. 그렇게 하는 부모가 일부 있습니다. 흔치 않기에 성공한 부모들은 그 이야기를 자랑스럽게 SNS에 뽐내고, 책으로 출간하기까지 하는 것이죠. '이렇게 하면 할 수 있어요', '교재는 단계별로 이렇게 하시면 됩니다', '이렇게 해서 우리 아이는 좋은 학교에 진학했어요.'라는 내용이 정말 너무 많습니다.

퇴근하고 집에 오면 어질러진 집, 겨우 숙제 검사하고 준비물 확인하며 하루를 견디듯이 사는 부모라면 참으로 먼 이야기입니다. 아쉬운 마음에 학원이라도 보내지만, 숙제봐주느라 애랑 씨름하고, 저녁 먹은 거 치우고 집 좀 정리하고 나면 이미 한밤중입니다. 어디에 물어보고 싶어도 잘하는 사람들의 이야기만 들려올 뿐, 내 아이와 비슷하거나 고민 중인 예시는 찾기 쉽지 않습니다.

요즘의 부모 학력이 이전 세대에 비해 높아졌다는 통계가 있습니다. 오늘날의 부모는 자신의 부모 세대에 비해 아이의 학습 전반에 대해 이해도도 높고 관심도 많습니다. 부모가 최고의 스승이지만, 입시에서까지 그렇게 하는 건 필수가 아닙니다.

아이에 대한 학습지도와 평가는 이미 학교 교사, 학원 강사, EBS 강사, 인강 강사, 스터디카페 매니저 등 다양한 교육 주체가 맡고 있습니다. 오늘날의 아이들은 이전 세대와 비교해, 교육적 지시와 평가에 노출되는 빈도가 훨씬 높습니다.

이러한 환경 속에서 부모까지 또 하나의 '선생'이 된다면, 아이가 편안히 머물 수 있는 공간은 점점 줄어들 수밖에 없습니다. 오히려 부모는 성취를 점검하는 역할보다는, 실패와 불안을 내려놓을 수 있는 안식처이자 정서적 지지의 역할을 맡는 편이 아이에게 더 도움이 될 수 있습니다. 아이가 긴장과 경쟁에서 잠시 벗어나 회복할 수 있는 공간이 있을 때, 학습 역시 지속될 수 있기 때문입니다.

물론 '나는 중·고등학교 시절 상위권이었고, 그 정도의 능력은 있으니 아이에게 설명해줄 수 있다'고 반문하실 수도 있습니다. 실제로 아이가 질문을 해올 때, 부모로서 반가움을 느끼는 마음 역시 자연스러운 일입니다. 다만 자신이 과거에 배웠던 방식과 내용에 기반하여 설명하고 있다는 점을 아서야 합니다.

더 중요한 것은, 그 설명이 아이의 현재 학년과 발달 수준에 맞게 조정된 것인지입니다. 특히 입시를 전제로 한 학습은 명확한 범위 안에서 문제가 출제되는 구조를 가지고 있습니다.

범위가 정해진 학습을 하는 아이에게 필요한 설명 역시 그 범위 안에 정확히 위치해야 합니다. 이는 대한민국의 12년 공교육과정이 지닌 뚜렷한 특징입니다. 범위를 벗어난 설명은 이해를 돕기보다 오히려 혼란을 키울 수 있습니다.

2. 매니저

매니저의 사전적인 의미는 '연예인이나 운동선수 등의 일정을 관리하고, 그와 관련된 업무를 전문적으로 하는 사람'입니다. 전문적으로 한다고 분명히 쓰여 있습니다. 학원에 데려다주고 데려오고 시간 맞춰 등하교 시켜주는 정도는 시간을 아끼라고 지원해주는 정도이지 매니징이라고 할 건 아닙니다.

매니저 역할을 지양하자는 이유는 아이의 제대로 된 공부를 방해하기 때문입니다. 배우고 익힌다는 학습을 스스로 해내기 위해서는 자신의 실력을 알아야 합니다. 수준을 정확하게 파악하는 것도 학습 일부로, 메타인지의 영역입니다. 그런데 부모가 알아서 채워주고 빈

틈을 메워주면 자기가 해야 하는 순간에 아이는 어떻게 될까요? 자기 실력을 믿을 수 있을까요? 누군가가 늘 옆에서 확인해주었는데 자기 스스로 생각하고 익히는 과정을 해낼 수 있을까요? 그것도 불안감 없이? 누군가의 도움, 보조, 지원을 당연하게 여기는 모습은 바람직하지 않습니다. 그렇지 않아도 흥미를 느끼기 어려운 학교 공부를 다른 누군가의 관리와 통제에 맡기게 된다면, 아이가 스스로 선택하고 의미를 만들어가는 경험은 점점 줄어들 수밖에 없습니다.

무슨 문제집을 풀어야 하는지도 스스로 파악해야 합니다. 뭐라도 풀고 익히면 다행이지만, 내가 뭘 배우고 있는지, 그다음은 무엇이어야 하는지, 왜 문제 풀이가 필요한지 생각하고 공부하는 아이와 시키는 대로 따르는 아이의 차이는 명확합니다. 고등으로 넘어가면 더욱 명확해집니다. 궁금하면 찾아보면 됩니다. 과목별 문제집 랭킹, 리스트, 세부 분석까지 인터넷에 다 있습니다. 선생님을 활용하는 것 역시 아이의 학습 범위입니다. 대신 물어봐주고 해결해주지 마세요. 기다리는 게 우리의 몫입니다.

도움을 주고 싶은 마음은 잘 압니다. 저도 부모입니다. 아이들 곁에서 지켜보면 도와주고 싶은 그 심정을 왜 모르겠습니까? 그렇지만 아이가 겪고 헤쳐나가야 할 길을 대신 해주지 마세요. 지금은 지켜보는 게 가능하지만, 성장할수록 아이의 앞에서 옆에서 뒤에서 따라다니며 살피기는 어렵습니다. 선택지를 주는 정도는 괜찮습니다. 강요가 들어 있지 않다면요.

많은 부모들이 대신 공부하고, 시험 봐줄 수 없으니 나머지라도 해주고 싶어 합니다. 도움이 되리라는 부모의 간절함과 공부가 우선시되는 분위기에 탑승한 아이들의 시너지는 바람직하지 않은 방향으로 흘러갑니다. 아이가 스스로 해봐야 하는 많은 부분을 타인의 손으로 빌게 됩니다. 돈만 있으면 아이의 모든 문제를 해결할 수 있다고 믿습니다. 비싼 학원과 과외, 학군지에 살면 아이가 스스로 공부 계획도 세우고, 시간도 관리하고, 공부 감정도 조절하고, 실패도 극복할 수 있다고 착각할 수 있습니다. 그러지 마세요. 아무리 맛있고 좋은 음식도 본인이 씹어서 넘겨야 합니다.

이렇게 부모가 아이를 직접 가르치고 가까이에서 매니징하는 상황이 심해진 건 코로나 영향이 큰 부분도 있습니다. 어떤 상황이어도 대한민국의 입시는 진행될 것이니 제대로 학습을 이어가지 못하면 시험을 치를 수 없다는 불안이 만든 결과죠. 코로나로 인해 채우지 못한 부분은 개인의 몫으로 돌아갔습니다. 학년별 필수로 배워야 하는 내용이 무엇인지 부모가 진도를 알아야 했습니다. 내 아이를 내가 지킨다는데 누가 뭐라 하겠습니까? 그렇게 하지 못하는 부모들의 상대적인 박탈감이 더욱 커질 뿐입니다.

코로나는 종식되었습니다. 예상했던 대로 아이들의 학력 수준은 전체적으로 떨어졌고 부모들은 학력 격차에 대해 민감하게 반응하기 시작했습니다. 해당 학년에 맞춰서 배우는 내용을 선행하고 복습하고 학원을 보냈습니다. 이제 그렇게까지 하지 않아도 되는 상황이지만, 걱정은 사라지지 않았습니다. 오히려 학년에 맞는 내용을 반드시 알고 있어야 한다는 강박에 시달리는 것처럼 보입니다. 저학년일수록 더 심하고요.

저는 입시를 기준으로 보았을 때 선행은 어느 정도 필요하다고 생각합니다. 일부 과목은 미리 공부 해주고 차근차근 연습하면 도움이 되기도 합니다. 수학 전공자, 수학 교사, 일타 강사들도 비슷한 주장을 합니다. (물론 선행이 필요하다고 해서 초등학생 때부터 꼭 해야 한다는 의미는 절대로 아닙니다.) 수능은 고등학교에서 배우는 내용을 기반으로 출제됩니다. 그런데 그 범위가 고등학교 3학년까지 전체 범위입니다. 수능에 맞춰서 공부하려면 시간이 부족할 수밖에 없으니 선행이 필요하다는 말입니다. 그런 의미로 학년이 아니라 아이 수준에 맞춰서 과목별 공부를 차근차근 선행해나가는 건 바람직하다고 봅니다.

고등학교에 진학 후에 배워서 소화하기엔 양이 많다고 느껴지는 일부 과목을 제외하고는 굳이 보태서 할 필요는 없습니다. 특목고에서 내신 성적 변별력을 위해 출제하는 내용까지 일반고 학생이 공부하지 않아도 됩니다. 아이마다 쌓아 놓은 노력과 실력의 차이가 있는데 흉내 낸다고 해서 내 것이 되지 않습니다. 지나친 선행 학습 계획을 세워 놓고 아이에게 강요하진 마세요. 무조건 시킨다고 되지 않습니다. 되는 아이도 있겠지만 그런 친구들은 어디서나 잘하는 기특한 남의 아이입니다. 대치동과 목동에는 대부분 다 잘하는 것 같다고요? 가능성 있는 아이들이 모이기 때문입니다.

아이는 아이의 길이 있습니다. 그 길은 본인의 의지, 본인의 노력 그로 인한 성취감으로 만들어져야 합니다. 직접 가르치지 못한다고 속상해 하지 말고, 안타까워하지 마세요. 따라다니면서 비서에, 공부 파트너에, 학습 코치 노릇까지 해야만 아이가 성공한다고 지레 겁먹지 마세요. 아이가 스스로 성취할 기회를 빼앗지 마세요. 도움을 청했을 때, 그때를 위해 부모는 내공을 쌓고 기다려야 합니다.

제가 한양대학교에서 근무할 때였습니다. 전교생이 필수도 들어야 하는 과목이 있었습니다. 전체 학년이 보는 시험이기에 시험 인원도 정말 많습니다. 그에 따른 시험 결과는 정말 촘촘하게 분포합니다. 그런데 어느 날, 한 학부모님이 기세등등하게 방문하셨습니다. 이 수업 때문에 장학금 놓치게 되었으니 무조건 성적을 수정해 달라고 맡겨 놓은 짐 찾으러 온 것처럼 말씀하시더군요. (성적이의제기는 대학에 있는 시스템이기에 정당한 사유가 있다면 당연히 활용해야 합니다.) 아팠다거나 기타 등등의 정당한 사유가 있었던 것도 아니었습니다. 학생은 전혀 신경도 쓰지 않는데 부모가 와서 공부 잘하는 애 밀어줘야지 바꿔주는 게 뭐가 어렵냐고 너무나 당당히 항의하는 모습이 더 놀라웠습니다. 심지어 1학년도 아니었습니다.

지금이야 이상한 나라의 학부모들 이야기가 왕왕 들리지만 15년도 더 된 시절에 겪었던 일이라 충격이 컸습니다. 성적 이의제기를 하려면 분명한 근거가 있어야 하는데 그런 것도 없이 막무가내였습니다. 드라마를 눈앞에서 보는 것 같았습니다. 누구를 위한 학점이었던 걸까요?

불안의 정체
마주하기

　　대학입시를 선택했다면, 몇 가지는 분명히 짚고 넘어가야 합니다. 입시는 단순히 대학이라는 결과를 얻기 위한 절차가 아닙니다. 사회에 본격적으로 나가기 전에, 가장 밀도 높게 자신을 들여다볼 수 있는 첫 번째 기회이기도 합니다. 무엇을 잘하는지, 무엇이 약한지, 어디까지 견딜 수 있는지, 어떤 방식이 나에게 맞는지 파악해야 합니다. 모두가 진심으로 응원하고, 실패를 걱정하며, 잘되기를 바라는 시간이 인생에 자주 오지는 않습니다.

그래서 이 시간을 허투루 보내지 않기를 바랍니다. 결과만 집착하기기보다 이 과정을 현명하고 평안하게 보내야 합니다.

그럼, 시작해 보겠습니다.

부모의 목표에 대한 자기 객관화

소크라테스가 했다는 2,500년 전의 말은 현재도 유효합니다. 인간이 살면서 가장 중요하게 생각해야 하는 말이 아닐까 싶습니다.

'너 자신을 알라.'

지금 이 책을 읽는 부모도 아이도 자기 객관화가 필요합니다.

'공부는 애가 하는데 왜 나의 객관화가 필요하지?'라고 생각하십니까? 공부가 아이의 몫이고 입시를 아이 스스로 할 수 있다고 여겼다면 독자님은 이 책을 펼치지 않으셨을 겁니다. 어떤 방식으로든 도움이 되기를 원하기에, 시간을 내어 정보도 찾고 책도 읽는 독자분이라고 미루어 짐작해봅니다. 아이와 팀을 이루어(?) 좋은 방향으로 이끌어주고 싶으신가요? 그러면 아이의 객관화 과정도 팀원인 부모도 자기 분석이 필요합니다.

자, 가슴에 손을 얹고 대답해보세요. 본인이 생각하는 아이 공부 목표가 무엇인가요? 아이의 입시에 대해 어디까지 생각해봤나요? 아이가 어느 대학을 가기를 원하시나요?

"그냥 아이가 노력한 만큼 가면 좋겠어요."

이런 인사치레 용 인터뷰 말고 진짜 속내를 말씀해주세요. 그래야 아닌척하면서 발생하는 불협화음을 줄일 수 있습니다. 아빠와 엄마가 교육에 대한 의견이 다른 경우도 많습니다. 운전자가 둘 일 수는 없으니 반드시 합의해야 합니다. 대부분의 부모님은 지금의 성적보다 더 좋은 학교를 진학하길 원합니다. 아이들도 마찬가지죠. 희망사항이 욕심이 될지, 목표가 될지는 앞으로에 달려 있습니다.

돈과 시간과 체력에 대한 자기 객관화

비용을 얼마만큼 언제까지 지출할 수 있는지 계산해봅시다. 학원비는 SNS를 보면 어느 정도 공개되어 있습니다. 지역적으로 차이가 있으니 이사 계획이 없다고 가정하고 지금 살고 있는 지역을 참고하면 됩니다. 학원을 보낼 계획이라면, 비용도 현재 시점으로 계산하면 됩니다. 일단 우선 보내고 싶은 학원의 현재 월 교습료를 기준으로 계산해보십시오. 여기에 방학 특강비와 교재비, 모의고사 응시료 등 추가로 발생할 수 있는 비용을 더합니다. 그다음, 입시까지 남은 기간을 월 단위로 계산해 보십시오. 예를 들어, 고1이라면 약 3년,

고2라면 약 2년, 고3이라면 남은 개월 수가 곧 총비용 산출의 기준이 됩니다. 초등 저학년이면 피아노, 미술, 태권도, 줄넘기, 수영, 인라인, 영어, 국어, 수학 등등의 학원을 보내실 겁니다. 초등 3~4학년이면 여기에 영어와 수학의 무게가 달라집니다. 영어의 경우 놀이식으로 배우던 리스닝과 스피킹보다 라이팅과 리딩의 비중이 커집니다. 수학은 연산, 사고력, 도형 분야의 심화로 넘어갑니다. 수능시험에서 만점자가 가장 적은 과목, 바로 국어는 독서, 글짓기, 논술이 추가됩니다. 초등 5~6학년이면 예체능의 비중은 약해지고 국·영·수 학원의 비용이 대부분을 차지합니다.

중학생이 되면 한 과목에 2개의 학원을 다니는 경우도 있습니다. 스터디카페도 다니기 시작하죠. 관리형 스터디카페 비용은 학원비 수준입니다. 고등학생이 되면 비용이 초등학생 때와는 비교도 되지 않습니다. 학원의 개수를 보수적으로 국·영·수·사·과 5개만 잡더라도 비용이 만만치 않습니다. 거기에 윈터 스쿨 비용은 몇 백만 원입니다.

계산을 해보니 어떤 마음이 드시나요? 자녀가 한 명이면 뭐든 해주고 싶고, 둘이어도 안 해줄 수 없고, 막내면 마지막이니 해줘야 할 것 같습니다. 현재 우리 집의 재정 상태를 분석하고, 아이의 시기에 맞춰 재정적인 지원이 어디까지 가능한지 가늠해야 합니다. 자식을 비용의 대상으로 보는 시선이 불편한 분들도 있음을 너무도 잘 압니다. 그러나 노후도 스스로 준비해야 하는 많은 30~40대 평범한 부모에게 돈이 하늘에서 떨어지지 않는 이상 현실적인 접근은 필수입니다. 돈이 전부는 아니어도 돈에 압박을 받으면 하루가 팍팍합니다. 아이들에게 훗날 짐이 되지 않아야 하는 계산까지 해야 합니다. 아이에게 짜증도 속상함도 불편함도 보이지 않을 단단한 몸과 마음이신가요?

시간과 체력은 충분하신가요? 아이의 학습을 지원하는 일은 생각보다 많은 에너지를 요구합니다. 아이의 시간표에 맞추다 보면 식사 시간을 놓치기 일쑤고 학원 라이딩을 하느라 피로도 금세 쌓입니다. 문제는 피로가 몸의 문제로만 끝나지 않는다는 겁니다. 체력이 떨어지면 마음의 여유도 줄어듭니다. 평소라면 넘길 수 있는 일에 마음이 흔들리고 판단이 급해집니다. 부모의 차분함과 일관된 태도는 체력에서 나옵니다.

고3 한 해라면 '조금만 버텨보자'는 마음으로 견뎌낼 수도 있을 것입니다. 그러나 요즘은 고1부터 이미 고3에 가까운 긴장 속에서 생활하는 아이들이 적지 않습니다. 몇 년간 평일 저녁과 주말까지 이어지는 학원 일정을 부모도 동행해야 합니다.

아이가 시험 결과로 낙담했을 때, 그 감정을 받아주고 다시 방향을 잡아주는 일은 생각보다 많은 마음을 씁니다. 상담을 알아보고, 시간표를 조정하고, 아이의 감정을 살피는 과정은 자주 반복될 것이고, 이때 부모의 체력과 마음도 함께 소모됩니다. 아이에게 짜증도 속상함도 불편함도 보이지 않을 단단한 몸과 마음이신가요?

아이가 도움을 요청할 때 곁에 남아 있으려면 버틸 수 있는 힘이 필요합니다. 그리고 몇 달이 아니라 몇 년 동안 꾸준히 이 역할을 감당할 수 있는지, 스스로에게 물어보아야 합니다.

아이에 대한 자기 객관화

객관적인 자료부터 시작합니다. 1차적으로는 현재 성적과 과목별 분석을 해야 합니다. 고3, 고2, 고1, 중3, 중2, 중1. 모두가 해당됩니다. 학교생활기록부(생기부)에 담긴 내신, 수행평가, 교과서, 기본서, 문제집, 모의고사 시험지 모두 냉철하게 들여다보세요.

제가 이렇게 말하면 많은 학부모님들이 '그 냉철한 분석을 어떻게 해야 하냐'고 물어보십니다. 하나만 기억하세요. 꿈보다 해몽만 아니면 됩니다. 원칙은 단순합니다.

아이가 공부하는 모습을 지켜보시고, '문제 파악 → 분석 과정 → 정답 도출 → 오답 확인'의 4단계를 정확하게 거쳐서 문제를 푸는지 보면 됩니다. 할 수 있습니다. 물론 아이가 기대만큼 잘하지 못할 겁니다. 9인지 d인지 알 수 없는 글씨를 보면 스멀스멀 열이 받기도 할 겁니다. 하지만 꾹 참고 문제와 과정을 들여다보면 아이의 학습 특징을 파악할 수 있습니다. 다시 풀어도 알고, 자다 일어나서 풀어도 아는 문제만 제 것입니다. 그걸 구분할 수 있는 것부터가 성적 분석의 시작입니다.

학습 습관도 관찰합니다. 문학·비문학·영어·탐구 영역의 지문을 읽을 때, 아이가 대충 밑줄만 긋고 넘어가는지, 문단과 구조를 나누어 접근하는지, 모르는 단어를 표시하는지, 혹은 눈으로만 읽고 있는지를 한 번 살펴보시기 바랍니다. 지문을 눈으로 읽고 문제를 풀 수 있다고 하더라도, 시험에서는 시간이 제한되어 있고 의도적으로 헷갈리게 구성된 문항도 적지 않습니다. 지문을 대하는 방법은 '구분하면서 읽기'가 시작입니다.

수학 문제를 풀 때, 암산으로 하려고 하는지, 대충 계산 메모만 하는지, 정확하게 식 세워 답을 구하는지 구분해보세요. 내신과 수능 모두, 결국 실수를 얼마나 줄이느냐가 성패를 가릅니다. 창의력을 발휘하거나 오픈북으로 보는 시험이 아니에요. 아는 내용이 많거나 이미 익숙한 문제라 하더라도, 정해진 시간 안에 정확하게 풀어내지 못하면 점수로 이어지지 않습니다. 수학에서는 '알고 있는가'보다 '실수 없이 풀 수 있는가'가 훨씬 더 중요합니다.

영어 단어장 암기 방식도 확인해야 합니다.

우선 다음 예시를 보죠.

Ⓐ abstract (형용사): 추상적인

Ⓑ 추상적인 (형용사): abstract

Ⓒ Pablo Picasso painted abstract and figurative works. (파블로 피카소는 추상적이고 회화적인 작품을 그렸다.)

Ⓓ 파블로 피카소는 추상적이고 회화적인 작품을 그렸다. (Pablo Picasso painted abstract and figurative works.)

Ⓔ The abstract of the statement is as follows. (성명서의 요지는 다음과 같다.)

Ⓐ와 Ⓑ는 단어의 기본적인 뜻을 암기하는 단계입니다. Ⓒ와 Ⓓ에서는 단어의 뜻이 어떻게 문장에서 사용되는지 확인하게 됩니다. Ⓔ에서는 자신이 외웠던 기본적인 뜻 외에 전혀 다른 뜻도 가지고 있다는 걸 알게 되는 단계입니다.

영어를 영어 원어민 선생님에게 영어로 배운 아이도, 어휘 수준이 높은 아이도, 학교 시험에서는 익숙한 단어의 다른 뜻을 지닌 문제를 만날 수 있습니다. 실제로 영어를 일찍 접한 아이일수록, 단어를 안다고 판단하고 그대로 넘어가는 경우가 많습니다. 시험에서는 단어의 정확한 뜻을 이해하고, 이를 한글로 명확히 해석하며, 문장 속에서 올바르게 사용할 수 있어야 합니다.

글씨를 똑바로 쓰도록 해야 합니다. 명필로 시험지를 작성하거나 연습하라는 게 아닙니다. 채점하는 사람이 알아볼 수 있어야 한다는 뜻입니다. 디지털 네이티브인 요즘 아이들은 글자 쓰는 것 자체를 귀찮아합니다. 어떤 이유에서건 중·고등학생의 문제집을 분석하다 보면 가관일 때가 참 많습니다. 문제 풀이를 알아보기 힘든 건 물론이고, 특히 수학에서는 숫자를 알아보기가 힘들어서 감점되는 경우도 있습니다. 늘 틀리는 몇몇 어휘나 알아보기 힘든 숫자는 신경 쓰도록 안내해주세요. "엄마가 글씨 똑바로 쓰라고 했어, 안 했어! 이게 믜야!"라고 하지 말고 친절하게 남의 아이에게 말하듯이 해주세요. "마음이 급하면 글씨도 티가 나거든. 이왕이면 알아볼 수 있게 써보자. 주관식에서 부분점수라도 챙겨 받을 수 있거든."

하면 늡니다. 분명히 늘지요. 이왕이면 똑똑하게 시간을 아끼면 좋지 않겠습니까? 나 자신을 알아야 노력을 현명하게 할 수 있습니다. 운동한다고, 다이어트 한다고 전문가를 찾아가면 제일 먼저 하는 게 인바디 측정입니다. 지금의 현재 상태를 아는 게 먼저입니다. 부끄럽고 속상해도 마주해야 합니다. 그리고 거기서부터 보완점을 찾아 차근차근하면 됩니다. 시간이 부족하면 부족한 대로 여유가 있으면 그대로 하면 됩니다. 냉정하게 자신을 돌아봤다면 발전가능성이 이미 열린 겁니다.

운동

건강과 체력은 학습에서 필수요소입니다. 그런데 학생들은 어리니 체력이 좋으리라는 믿음이 있나 봅니다. 도대체 아이들의 체력이 충분하다고 믿는 근거가 도대체 뭘까요? 이런 말을 굳이 꺼내는 이유는 입시의 마지막이자 유일한 희망이 체력이기 때문입니다. 누구든 피곤하면 책을 봐도 잘 들어오지 않습니다. 장기전인 입시는 오죽할까요?

요즘 아이들은 비교적 이른 시기부터 책상에 앉아 이루어지는 인지 중심의 학습에 노출됩니다. 그에 비해 밖에서 뛰놀고, 햇볕을 쬐고, 몸을 쓰며 에너지를 발산하는 시간은 이전 세대에 비해 현저히 줄어들었습니다. 그럼에도 한 글자라도 더 익혀 시험을 잘 보는 것이 우선이라며, 신체 활동의 필요성을 가볍게 여긴다면 중요한 한 가지를 놓치고 있는 셈입니다. 아이의 인지 발달과 정서 안정, 집중력과 회복력은 모두 신체 활동과 밀접하게 연결되어 있습니다.

2019년 세계보건기구(WHO) 조사에서 한국 청소년의 94.2%가 하루 60분 이상 중강도 운동을 하지 않는 것으로 나타나 전 세계에서 운동 부족 1위를 기록했습니다. 특히 여학생은 97.2%가 운동 부족 상태입니다. 공부 시간이 늘어난다고 해서 그 시간에 한 공부가 자신의 것으로 저절로 변신하는 게 아닙니다.

새로운 개념을 이해하거나 문제 해결 과정을 반복하면 관련 신경 회로가 활성화되고, 그 과정에서 시냅스가 형성·강화됩니다. 이 때문에 학습은 뇌 구조를 실제로 변화시키는 활동이라고 말합니다. 하지만 오래 앉아 있는다고 해서 시냅스가 강화되지는 않습니다. 다양한 자극과 회복이 함께 작용해야 합니다. 이 점에서 일정 강도의 운동을 꾸준히 하는 것이 학습 효율과 성적 향상에 더 긍정적인 영향을 미칩니다. 뛰어노는 것과 운동은 다릅니다. 운동은 시간과 노력이 축적되어야 효과가 나타나며, 이렇게 길러진 체력은 곧 공부를 버티는 힘이 됩니다.

유치원생, 초등학생을 키우고 있다면, 어떤 운동이라도 꾸준히 강도 높게 시키세요. 태권도, 줄넘기, 수영, 배드민턴, 스케이트, 발레 등 운동마다 각종 대회가 있습니다. 여유가 되면 대회 출전도 좋습니다. 경험이니까요. 어릴 때 만들어진 세포는 기억 속에 남습니다. 성공 경험을 몸을 느끼며 뇌 연결망을 두껍게 만드는 방법으로는 운동이 제일 좋습니다. 운동은 기본이며 필수입니다. 국·영·수 학원을 보낸다면 운동까지 꼭 고려해야 합니다.

운동은 감정 조절에 긍정적인 영향을 미칩니다. 뇌에서 스트레스 호르몬을 컨트롤하는 호르몬이 분비되는 자연적인 방법이 바로 숨이 차고, 헐떡이는 만큼의 움직임입니다. 심박을 올리는 강도의 운동이어야 합니다. 사춘기 전후의 아이들의 예민함과 스트레스 기본값을 낮출 수 있는 길이기도 합니다. 꾸준한 운동은 부모가 아이의 삶을 풍성하게 해줄 수 있는 큰 선물이기도 합니다.

운동을 싫어하는 아이도 있겠죠. 그렇다면 부모님이 먼저 운동하세요. 같이 걷고 같이 뛰고, 이야기 나누세요. 동네 산책이라도 아이와 함께하세요. 사춘기라 어림없다면 당근을 쥐여줘서라도 끈질기게 같이 하셔야 합니다. 그래야 합니다. 간곡히 부탁드립니다. 부모도 아이도 제발 운동하세요!

아이에게 다음 질문에 차근차근 답해보라고 하세요.

'커서 어떤 사람이 되고 싶나요?', '자라서 어떤 일을 하고 싶나요?', '꿈에 가까워지려면 뭘 해야 할까요?', '어느 대학에 진학하고 싶은가요?', '그 대학에는 왜 진학하고 싶은가요?', '그 대학 이외에 원하는 대학은 어디인가요?', '무슨 학과를 원하나요?', '그 학과를 원하는 이유는 무엇인가요?', '해당 학과는 어느 대학에 개설되어 있나요?', '비슷한 학과는 어느 대학에 개설되어 있나요?'

초등학생이 이 질문에 대답을 모두 했다면, 아직 어리지만 진로에 대한 개념이 생성되었다는 뜻이고, 이미 입시 트랙을 달리고 있을 가능성이 높습니다.

일반 중학생 중에도 이 질문들에 제대로 답하는 아이들은 많지 않습니다. 6년 후라고 생각하면 대학입시는 아이들에게 먼 이야기니까요. 고등학교에 대해서도 교복이나 급식에 대한 정보를 듣고 수집하는 정도입니다. 공부 잘한다는 아이들이 가려는 고등학교는 대학 가기 유리하다고 하니 그런가 보다 할 뿐입니다. 학교에서 안내는 계속하지만 뭐가 정말 필요한지는 모릅니다.

일단 위의 질문에 대답을 제대로 했다면 길을 잘 찾아서 가고 있는 상위권 학생들일 겁니다. 대답을 제대로 하지 못한 아이는 무작정 공부만 할 게 아니라 자신을 돌아보는 일을 한번 해야 합니다. 대학이 아무리 취업학원으로 전락했다고 하더라도 여전히 대학은 힘이 있습니다. 그러니 대학을 다니겠다고 이렇게 애쓰는 거겠죠. 왜 가야 하는지, 정말 가고 싶은지, 간다면 어딜 가려는지 생각해봐야 해요. 그래야 등대처럼 의지해 나갈 수 있습니다. '그냥 남들 가니까, 가야 한다니까, 안 가면 뭐하겠는가?' 하며 스스로 생각하는 일을 귀찮아하면 안 됩니다. 그런 마음이라면 지금 성적에서 더 나아질 가능성은 정말 희박합니다. 목표가 있어야 동기가 생기고 스스로 공부하게 되거든요.

대학에 가고 싶다면, 무엇을 공부하고 싶은지, 왜 공부하고 싶은지, 공부해서 무엇에 써먹을지 한 줄로 명확하게 대답할 수 있어야 합니다. '의사가 되고 싶다'가 아니라 '노인성 질환을 전문적으로 치료하는 의사가 되어 고령화 사회에 필요한 인재가 되고 싶다'여야 합니다. 사람 마음은 당연히 바뀝니다. 피치 못할 사정이 생길 수도 있고, 생각과 다른 현실에 커리어를 변경할 수도 있습니다. 우리에게 필요한 것은 지금 공부를 선택한 학생에게 필요한 분명한 목표입니다. 물리치료사가 되고 싶다면, '따뜻하게 말해주는 물리치료사가 되어 아픈 사람들의 삶이 나아지기를 꿈꿉니다'라고 자신의 목표를 설명해야 합니다.

대학 진학 후에 전공을 바꿔도 됩니다. 입시 방향을 정할 때 전공부터 정할 것을 요구하기 때문에 아이들은 전공을 바꾸거나 아예 다른 진로를 다시 고민하는 일을 두려워합니다. 진로·진학 상담 선생님들은, 하고 싶은 공부가 바뀌었는데 이미 작성된 생기부를 수정할 수 없어 속상해하는 아이들이 늘 있다고 말씀하시더군요.

'When a door closes, a window opens(하나의 문이 닫히면, 다른 길이 열린다).'

절대적인 것은 없고 무엇을 하든 여지가 있음을 아이도 부모도 기억해주세요.

목표는 아이와 부모에게 모두 해당됩니다. 전기공학과에 진학하고 싶은 아이에게 수의학과에 대한 정보를 들이밀면 불협화음이 생깁니다. 아이들은 세상에 대한 정보가 부모보다 적을 겁니다. 부모라도 세상의 일을 전부 아는 건 아니지요. 서로를 인정하고 목표를 함께 그려 가면 됩니다. 꿈이 있는 아이의 엄마는 복 받았다는 우스갯소리가 있습니다. 요즘 애들이 하고 싶은 게 정말 없을까요? 아이들은 어쩌다 꿈이 사라진 걸까요? 아이들 스스로가 처음부터 꿈이 없었는지 떠올려보세요. 지금 이 책을 읽는 독자의 꿈을 무엇인지, 무엇이었는지 물어보고 싶습니다. 아이들에게 꿈을 알려주려면 어른도 꿈이 있고, 노력해야 해야겠지요?

입시의 결과만을 바라본다면 매 순간 일희일비하게 됩니다. 점수의 노예처럼 지배당하는 시간이 성적 향상에 도움이 얼마나 될까요? 부모가 먼저 장기적인 계획과 안목을 갖춰야 합니다. 필수입니다. 그래야 더 멀리 더 높게 뛸 수 있습니다.

내 꿈과 아이의 길
구분하기

입시를 앞두고 제일 먼저 해야 하는 일은 주제 파악, 즉 자기객관화입니다. 주제 파악의 방법은 다섯 가지입니다.

객관적 자료

그간 받은 학교 성적, 학원 시험 결과, 집에서 풀었던 문제집으로 현재 상태를 파악하면 됩니다. 주의해야 하는 사항이 있습니다. 실수다, 시간이 부족했다, 안 배운 부분이다, 아팠다 등의 이유는 고려

하지 않습니다. 행동은 반복되는 양상을 보입니다. 패턴을 벗어나는 데는 노력과 시간이 소요됩니다. 아는 것과 모르는 것만 존재하는 문제 풀이 학습에서 애매함은 안다는 착각만 불러일으킵니다.

기질 파악

간단히 말해 MBTI처럼 성격을 알아보는 검사인데, 그보다는 훨씬 복잡하고 전문적입니다. 학생들이 할 수 있는 검사 종류는 다음과 같습니다. 종합심리검사(Full-Battery, 풀배터리)의 종류는 다음과 같습니다.

① TCI 기질 및 성격검사(Temperament and Character Inventory): TCI 검사는 3세(양육자 평정용)부터 성인(자기보고식)까지 실시가능합니다. 4개의 기질척도와 3개의 성격척도로 구성되어 있습니다. 기질척도는 자극추구, 위험회피, 사회적 민감성, 인내력으로 구성되어 있고, 성격척도는 자율성, 연대감, 자기초월로 구성되어 있습니다. 각 척도의 백분위 점수가 30점 이하일 경우 낮은 점수, 70점 이상일 경우 높은 점수인 것으로 봅니다.

② 웩슬러 지능검사(Wechsler Intelligence Scale): 심리학자 데이비드 웩슬러가 만든 지능검사입니다. 웩슬러 지능검사는 개인용 지능검사로 전 세계적으로 가장 널리 사용되는 검사 중 하나입니다. 개인의 학습 양식의 강약점, 잠재능력, 조직 기술, 처리 기술 및 시간제학적 과제에 대한 적응력 등을 알 수 있습니다. 한국 웩슬러 성인용 지능검사와 한국 웩슬러 아동 지능검사로 구분되며 일반적인 지적 능력 평가를 비롯하여 특수교육 그 밖의 임상적 평가 장면에서 이해할 수 있습니다. 성인·아동·유아용 검사로 나뉩니다. 측정 분야는 언어이해, 기공간, 유동추론, 작업기억, 처리속도 5개의 기본 지표 척도와 10개의 기본 검사-공통성, 어휘, 토막 짜기, 퍼즐, 행렬 추리, 무게 비료, 숫자, 그림기억, 기호 쓰기, 동형 찾기, 그리고 6개의 추가 소검사로 구성됩니다.

③ MMPI 미네소타 다면적 인성검사 (Minnesota Multiphasic Personality Inventory): MMPI는 정신병리와 심리적 적응 수준을 평가하는 데 가장 널리 활용되는 객관적 성격검사 중 하나입니다. 오랜 기간 축적된 연구를 바탕으로 높은 타당도와 신뢰도를 확보하고 있어, 정신건강 영역에서는 기본 평가 도구로 자리 잡고 있습니다.

MMPI-2, MMPI-A, 그리고 MMPI-RF는 우울, 불안, 충동성, 대인관계 문제, 사고 특성 등 다양한 심리적 특성을 다각도로 측정합니다. 특히 타당도 척도를 통해 검사에 대한 과장, 축소, 방어적 태도 여부를 함께 확인할 수 있다는 점이 강점입니다. 이 검사 결과는 정신장애 진단을 보조하고, 치료 방향을 설정하는 데 중요한 정보를 제공합니다. 임상 장면뿐 아니라 학교 상담, 군·경 선발, 기업 인사 평가 등 다양한 환경에서 활용되고 있습니다. 복합적인 역할과 빠른 판단이 요구되는 현대 사회에서, MMPI는 과학적 근거에 기반한 평가 도구로 전문가들에게 꾸준히 신뢰를 받고 있습니다.

④ SCT 문장완성검사(Sentence Completion Test): 미완성된 문장의 빈칸을 자유롭게 채워 문장을 완성하도록 하는 검사입니다. 보통 50문항으로 구성되어 있으며, 응답 내용에는 개인의 정서 강도, 억압 수준, 수동적·능동적 태도, 특정 대상에 대한 정서적 개입 정도, 정서의 핵심 내용 등이 반영됩니다. 피검자의 무의식적 태도와 갈등을 간접적으로 파악할 수 있는 투사검사의 한 유형입니다.

⑤ BGT 벤더-게슈탈트 검사(Bender-Gestalt Test): 어렵지 않은 기하

학적 도형이 그려진 9개의 카드를 보여주고 그것을 따라 그리게 하며 다양한 방법으로 심리적 특성과 상태를 분석하는 검사법입니다. 주로 기질적 뇌 손상, 정신분열증, 신경증 중의 진단을 내리는 데 사용되는 경우가 많습니다. 아동의 지각 성숙도 발달 수준 평가, 정서 및 성격, 지능 추정에 대한 평가, 기질적 장애 여부 평가 등에 이용됩니다.

아이의 기질 검사는 소아청소년정신과, 발달클리닉, 심리상담센터와 같은 전문기관에서 부모 면담과 설문지를 통해 받으실 수 있습니다. 이러한 검사를 통해 예민함이나 소극성, 충동성과 같은 특성이 아이가 타고난 기질에서 발현된다는 사실을 이해하게 됩니다. 아이를 또래나 형제와 비교하거나, 불필요한 불안을 키우는 일을 줄이는 데도 도움이 되죠. 일부 대치동 학원에서는 이러한 검사 결과에 맞춰 학습 컨설팅을 제공해서 학부모에게 인기가 많습니다.

학습 습관

구체적으로 알아야 합니다. 예를 들어, 중학교를 졸업하는 학생이 고등학교 진학을 앞두고 상위권을 희망한다면, 먼저 그에 상응하는 시간 투입(인풋)이 있는지 살펴봐야 합니다. 한두 시간 공부하고 5시간 혹은 8시간 이상 공부하는 상위권 성적을 바란다면 이는 욕심입니다. 강의 시간은 자신의 공부 시간이 아닙니다. 강의를 들었을 뿐입니다. 수업을 복습하고 과제를 통해 모르는 부분을 채워야 하는 시간이 훨씬 더 중요합니다. 그러한 자신만의 공부 시간이 과목별로 충분한지 확인해야 합니다. 문제를 시간 내에 푸는지, 기본서로의 복습은 몇 회독인지, 지문 읽는 시간은 충분한지, 선지 분석을 대충하지 않는지, 교과서 프린트물, 문제집을 살펴보세요.

학원 공부가 궁금하면 학원 자료를 동일한 기준으로 보면 됩니다. 필기는 어떻게 하는지, 형광펜, 볼펜, 설명이 자세하게 되어 있는지, 풀라는 문제만 풀고 나머지는 새것처럼 남겨두었는지 보면 됩니다. 전체적으로 파악을 해야 입시를 앞두고 학습에서 어떤 부분을 구체적으로 보강해야 하는지 분석이 가능하다. 이 부분은 아이를 직접 가르쳤던 선생님의 솔직하고 자세한 견해를 과목별로 세세하게 모아두면 도움이 됩니다. 공부일기, 공부일지, 스터디플래너는 그런 점에서 정말 유용합니다.

체력 관리

청소년이면 돌도 씹어 먹는 나이라고 말하면 정말로 큰 착각입니다. 각종 미디어와 게임의 노출로 어린 나이부터 바깥 활동은 시간이 매우 한정적입니다. 초등학생만 해도 같이 논다고 해봐야 각자 휴대전화 들고 앉아서 게임하고 그 안의 세상에 머뭅니다. 뛰어노는 아이들은 많지 않습니다. 공간도 시간도 부족합니다. 중·고등학생은 더 하죠. 게임이 아니어도 SNS나 영상을 보는 게 고작입니다. 일반적인 학습과 입시는 차이가 있습니다.

한정된 시간에 최대한의 능력을 끌어내야 하는 입시에서 개인의 의지는 안타깝게도 긴 시간 큰 힘을 유지하기 어렵습니다. 견뎌내는 힘도, 다시 일어나는 회복탄력성도 체력이 뒷받침되어야 가능합니다. 아이의 체력은 쉼 없이 이어지는 경기를 치러낼 수준인가요? 체육 시간이 있지만 체력 향상이 가능한 정도로 충분하지 않습니다. 농구, 축구, 하물며 줄넘기라도 해야 합니다. 쉬는 시간에 춤이라도 숨찰 만큼 추면 도움이 됩니다. 척추옆굽음증(척추측만증) 검사를 초등학교에서 진행한다는 것이 무엇을 의미하겠습니까? 운동의 중요성은 또 언급하겠습니다.

공부 감정

어릴 때부터 학습에 노출된 아이들이 자라며 파생되는 문제가 여러 매체를 통해 알려졌습니다. 인생에서 공부만 할 수 있는 시기가 유일하다 싶기에 부모는 아이의 앞날이 평탄하기를 바라며 압박하게 됩니다. 이미 공교육과정을 마친 부모는 아이의 공부가 걸림돌이 되어서 하고 싶은 일을 못 하게 될까 봐, 직장 잡기 어려울까 봐 걱정스러운 마음에 공부라도 시키려는 거겠지요. 공부를 잘하면 아이도 부모도 좋겠지만, 양육자가 어떤 자세로 공부를 대하느냐가 아이에게 그대로 투영됨을 기억해야 합니다. 제가 상담했던 학생이 이런 말을 한 적이 있습니다.

"저는 공부에 재능도 없는데 왜 엄마 아빠는 계속 학원에 가라고 하는 걸까요? 대학 못 가면 공장이나 물류 상하차나 택배하라는데 그거 하면 되잖아요. 해도 맨날 못하는데 왜 자꾸 공부만 타령하는지 모르겠어요."

'공부 못하면 뭐 먹고 살 거냐, 공부를 잘해서 대학을 잘 가야 먹고 살 수 있고 행복하다'는 식의 발언은 아이에게 불안을 심어주는 말과 태도입니다. 부담스럽고, 잘 못하는 일이어도 계속해야 하는데 재미도 즐거움도 없고 심지어 불안하다면 어떨까요? 이런 감정 상태의 아이가 자기주도적으로 학습하거나 최상위권을 유지할 가능성은 매우 낮습니다.

공부에 대한 아이의 감정을 훼손하지 않도록 주의하셔야 합니다. 그 감정이 무너지는 순간, 입시 과정에서는 치명적인 방해 요소로 작용합니다. 뛰어난 학습 전략이나 많은 정보가 있더라도, 공부 자체에 대한 거부감이 생기면 긴 시간을 버텨내기 어렵습니다. 적어도 공부가 '견딜 수 없는 것'이 되지 않아야, 아이는 그 시간을 지나갈 수 있습니다.

공부 감정을 지키기 위해 우선 기억해야 할 것은 단순합니다. 성적과 결과보다 먼저, 아이가 공부를 대하는 태도와 감정을 살피는 일입니다. 아이가 좌절했을 때 다그치기보다 숨을 고를 수 있게 돕고, 실패를 단정 짓기보다 과정을 정리해주는 역할이 부모에게 필요합니다. 공부를 끝까지 놓지 않는 아이가 결국 이 긴 과정을 완주합니다.

기대에서 믿음으로
한 발 나아가기

　상담 중에 부모님에게 아이에 대해 물으면 아이의 장점보다 단점을 빠르고 길게 대답하는 경우가 많습니다. 자랑보다 겸손에 익숙한 문화임을 고려하더라도 자녀의 긍정적인 면에 대해서 답할 때는 생각해내는 데 시간이 꽤 걸립니다. 못하는 과목, 학습 습관, 현재 등급, 형제랑 다투는 것, 치우지 않는 방 등등 단점은 툭 튀어나오는 데 잘하는 부분은 대답하기 어려워합니다.

　자녀의 강점은 입시의 방향키 역할을 합니다. 자녀의 현재를 분석하고 그다음에 어디로 가야 하는지 안내하는 게 바로 강점입니다. 부모님에게 아이의 강점을 말해보라고 하면 교과 과목을 먼저 말씀하십니다. 일부는 맞는 말입니다. 잘하는 과목으로 연결하면, 과목별 확대 전략으로 넘어갈 수 있기에 특정 과목에서의 자신감은 훌륭한 자산입니다.

제가 말하려는 강점은 학습을 넘어 더 넓은 범위를 의미합니다. 겸손함, 공감력, 교우관계, 꾸준함, 긍정적 사고, 다재다능, 대담함, 도덕성, 배려, 생활습관, 성실성, 소통력, 승부욕, 신중함, 문제해결력, 자립심, 적응력, 정리, 책임감, 협업 능력, 호기심 등. 성격적 특징으로 볼 수도 있지만 사람은 변하기도 하고, 게다가 아이들은 성장하는 중이기에 특정 이름표를 바로 붙일 필요는 없습니다. 지금 보이는 행동과 성격에서 이런 모습을 자주 발견한다면 그게 바로 현재의 강점입니다.

이해를 돕기 위해 교과 과목으로 설명하자면 다음과 같습니다. 역사, 지리, 정치, 경제, 문화와 관련된 주제의 책을 자주 보는 아이라면 사회 교과서를 보는 데 어려움이 없습니다. 관련 자료를 보며 지문을 읽고 도표를 해석하기가 수월합니다. 한국지리, 세계지리, 세계사, 동아시아사, 법, 사회문화, 생활과 윤리, 윤리와 사상, 물리, 화학, 생명화학, 지구과학은 모두 수능의 탐구 영역입니다. 재미있어 하는지는 모르겠지만 꾸준히 책을 접하고 있다면 해당 과목에 등장하는 단어에 적응이 수월합니다. 탐구 과목을 확장하면 국어의 비문학에도 해당합니다.

음악을 듣고 따라하기를 좋아한다면 청각적인 에너지를 학습에 사용하면 도움이 됩니다. 영어 단어를 외워야 한다면 소리로 기억하기 수월한 유형입니다. 또한 음악은 감정의 표현입니다. 감정이 담긴 희로애락은 국어의 문학과 관련이 있습니다. 문학 자체가 인간의 감정에 대한 글이니 대중음악에 익숙한 경우에도 연결 지을 수 있습니다.

우리 애는 성격은 좋은데 공부를 못한다고 하시는 부모님을 보면 시대에 딱 맞는 정말로 필요한 중요한 역량을 갖춘 아이라고 힘을 주어 말씀드립니다. 요즘 아이들은 관계 자체도, 그에 따른 경험도 부족합니다. 넓혀 봐야 약간 명의 친척과 선생님들입니다. 자신에게 부담스럽지 않은 관계를 맺고 도움을 주고받을 수 있는 친구라면 그 자체만으로도 매력 발산입니다. 수행평가로 모둠 과제, 팀별 프로젝트가 흔한 학생들에게 성격 좋은 아이는 같이 하고 싶은 마음이 드는 부류입니다.

게임만 하려는 아이들도 분명히 강점이 있습니다. 전략 게임을 선호하는 아이라면 상황 판단이 빠르기도 하고, 팀을 독려하며 함께 재미를 추구하기도 합니다. 어떤 게임이라도 순간적인 판단력이 중요합니다. 게임을 통해 지도 보는 눈이 저절로 트인 아이들도 있습니다. 내향적인 아이도 게임을 계기로 친구와 소통합니다. 게임을 재미로 한다고 해도 본인의 스타일이 있습니다. 게임을 할 때도 어떤 모습인지 살펴보면 자녀를 이해하는 데 도움이 될 것입니다.

최근 초등학생들에게 물으면 각자의 장소에서 시간을 정해서 스마트폰으로 동시에 게임을 한다고 합니다. PC방은 시간제한도 있으니 학원 끝나고 집에서 한다는 거죠. 게임 잘하는 부모님을 둔 아이는 인기 최고입니다. 어른에게 손 내밀기를 꺼리는 아이도 게임은 그 벽을 허무는 감격한 매개체입니다. 부모가 좋아하는 형태는 아닐지라도 아이를 이해하려는 방법으로 게임은 유용합니다.

아이의 강점을 찾아서 입시 전략의 마중물로 삼는 과정은 꼭 필요합니다. 아이를 보는 시선은 아이들에게 심리적 안정 혹은 그 반대를 모두 전하는 매우 중요한 장치입니다. 따스한 시선은 힘든 순간을 이겨내는 소중한 자원입니다. 부모보다 친구가 가까운 시기의 십대의 아이들이지만 마음 둘 곳 하나는 있기를 바랍니다. 사랑한다고 고맙다고 열심히 지내줘서 고맙다고 말로 직접 전하진 않더라도 바라봐 주는 그 눈길조차 매서우면 얼마나 마음이 추울까요?

부족한 부분과 채워야 하는 부분은 누구나 있습니다. 전국 0.1%의 수재라고 해도 모든 것이 완벽하지는 않을 겁니다. 내 자식의 부족함이 먼저 눈에 들어오고 공부와 멀게 보이는 모습에 속이 상하기도 하겠지만 부모이기에 지켜봐야 합니다. 눈이 오든 바람이 불든 볕이 쨍쨍하든 상관없이 있어줘야 자녀도 품을 떠나 씩씩한 사회인으로 성장하는 데 힘을 얻을 겁니다.

3장
정보의 소음에서
신호 찾기

필요한 정보와
불필요한 정보를 가르는 눈

자녀 교육서 보신 적 있으실 겁니다. 그 안에 담겨 있는 정보가 정말 많습니다. 부모라면 이래야 한다, 이 시기가 제일 중요하다, 이것만은 해줘야 한다는 지침들은 처음에는 길잡이처럼 보이지만, 그 내용이 너무 방대해서 어디에 맞춰야 하는지 헷갈립니다. 아이의 성장과 함께 마주하는 상황도 점차 다양해지고, 부모로서의 여정은 끝없는 고민과 어려움의 연속임을 절실히 느끼게 됩니다.

학습이 추가되면 그간 자유로움을 추구했던 부모들도 멈칫합니다. 학습 관련 정보는 많고 복잡해진 입시 정보는 한눈에 들어오지 않습니다. 어렵습니다. 필요한 정보를 찾기조차 쉽지 않고 찾아도 정보의 신뢰도를 한 번 더 생각해야 합니다. 궁금한 점이 생기면 검색창에 물어보고, 비슷한 고민을 한 사람들의 경험을 찾습니다. 학교 선생님, 학원 선생님, 유튜브 강의 등 다양한 경로를 통해 정보를 얻으려 하지만 내 아이에게 딱 맞는 정보를 찾기는 역시 어렵습니다. 입시 관련 전문 업체를 찾기에는 비용 부담은 두 번째고, 공부를 잘하는 아이들만 컨설팅을 받는 게 아닌가 하여 망설이게 됩니다. 게다가 정확하게 무엇을 물어야 하는지 모르기도 합니다. 어느 정도 입시에 대한 정보가 있어야 궁금한 점이 생기겠죠.

다양한 연령대의 학생과 부모를 접하고 나니 2가지가 정말 중요하다는 점을 알게 됐는데요. 바로 단단한 기준과 정확한 정보였습니다.

아이, 부모, 가족, 환경 등 놓인 상황을 고려해서 흔들리지 않을 단단한 기준이 필요합니다. 정말 중요합니다. 그저 '아이가 좋아하고 하고 싶은 일을 할 수 있도록 도와주고 싶어요' 수준이 아닙니다. 구체적인 근거를 찾아서 아이에게 적절한 방법을 찾아가야 합니다. 그 과정에서 어떤 정보를 취하고 버릴지 부모도 점차 알게 됩니다. 기준을 세워야 합리적인 판단이 가능합니다. 그런데 기준도 뭘 알아야 세울 수 있습니다. 입시가 복잡한지라 초보 학부모는 찾아보려 해도 어렵고, 낯선 용어에 어떤 정보가 유익한지 구별이 쉽지 않습니다.

정확한 정보는 입시의 훌륭한 길잡이입니다. 아이의 학년을 떠나 입시에 관심이 있다면, 입시에 대한 방향을 잡는 시기부터, 실제 입시 지원까지 활용이 가능한 다음의 공식 사이트에 답이 있습니다.

1. 어디가 https://www.adiga.kr

대학 입학 정보 포털사이트로 대학 정보와 학습 정보를 제공합니다. 지난 연도 자료를 보면서 자신의 성적을 비교해 분석하기 좋습니다. 대입 성적 상담도 진행합니다. 입시 결과의 경우 합격선 70%를 기준으로 안내합니다.

2. 대학알리미 https://www.academyinfo.go.kr

대학 공시 데이터를 제공합니다. '어디가'에도 기본적인 내용은 쉽게 찾을 수 있지만, 대학알리미는 재적 학생 분포, 재정 및 회계정보도 공개되어 있습니다.

3. EBS https://www.ebsi.co.kr/

수능 대비 강의를 무료로 제공하며 강의와 함께 제공되는 교재도 일부 므료로 내려받을 수 있습니다. 시중에서 판매되는 EBS 교재와 병행하기 쉽습니다. 문제은행으로 활용하기 유용합니다. EBS 연계율을 고려하면 적절한 활용이 필요합니다.

4. 서울시교육청 https://www.sen.go.kr/

홈페이지에서 교육과정, 교과서, 평가자료 등 다양한 교육자료를 확인할 수 있습니다. 전학, 편입, 입학, 상급학교 진학에 관한 궁금증을 구체적으로 해결할 수 있습니다.

5. 학교 홈페이지

고등학교나 대학교의 홈페이지에서 입시 요강과 결과를 확인할 수 있습니다. 대학교의 경우 입시 결과를 공개하는데 '어디가'보다 더 자세한 예도 있습니다. 대기번호 몇 번까지 합격이었는지 공개되기도 합니다. 중하위권 학교라면 대학 홈페이지에서 얻을 정보가 상당히 그급입니다.

6. 하이스쿨 https://www.hischool.go.kr/

대한민국의 공식 고등학교의 입시정보 제공 웹사이트입니다. 각 고등학교의 입학 정보, 교육과정, 학교생활 소개, 학생 활동 등을 확인할 수 있습니다. 학부모와 학생들이 학교 선택과 관련된 중요한 정보에 쉽게 접근하고 활용할 수 있는 플랫폼입니다.

7. 하이클래스 https://www.hiclass.net

교사, 학생, 학부모가 소통하고 학급을 운영하는 무료 교육 플랫폼으로, 알림장, 가정통신문, 앨범, 메신저 기능을 제공합니다. 교사가 개인 전화번호를 공개하지 않고도 학부모나 학생과 통화 및 문자가 가능합니다. 유치원부터 초·중등학교까지 사용할 수 있습니다.

8. 아이엠스쿨 http://school.iamservice.net

하이클래스와 비슷한 앱. 학교의 공지사항이나 행사 및 가정통신문을 더 손쉽게 확인할 수 있습니다. 방과후수업 출석도 안내받을 수 있습니다.

초등 저학년이라면 하이클래스와 아이엠스쿨 같은, 자녀의 학교에서 사용하는 어플리케이션에서 제공하는 정보면 충분합니다. 공부에 관해 관심 있다면 해당 학년보다 한두 학년 위를 보면 도움이 됩니다. 중학교 입시를 고려한다면 해당 학교 홈페이지와 서울시교육청 홈페이지에서 정확한 정보를 확인할 수 있습니다. 또한 어디가에서 중학교 입시 정보도 제공되니 참고하시면 됩니다. 다양한 학교의 입학 전형과 모집 요강을 확인할 수 있습니다.

고등학교 입시도 중학교와 마찬가지로 하이스쿨과 학교 홈페이지를 통해 내용을 확인하면 됩니다. 전년도, 전전년도의 입시 요강과 결과가 나와 있기에 입시의 흐름을 이해하는 데 유용합니다. 학교의 특성을 파악하는 데 있어 홈페이지는 기본 중의 기본입니다. 고등학교 진학이 예전과는 다른 방식이기에 헷갈리는 부분이 있을 수 있습니다. 이에 대한 내용은 서울특별시교육청 서울 고교홍보사이트(https://hinfo.sen.go.kr/)에 자세하게 설명이 되어 있습니다. 이사 예정인데 언제까지 이사한 곳을 기준으로 배정받는지에 대한 질문부터 경쟁률에 대한 자료 요청까지 구체적인 설명이 있습니다.

대학교 입시에서는 대학의 공식 웹사이트가 중요한 정보원입니다. 각 대학의 입학 요건, 전공 프로그램, 입학 절차, 입시에 필요한 다양한 전략적 정보를 제공합니다. 최신 소식, 교육 프로그램에 대한 세부 사항 등을 포함합니다. 또한, 대학교 사이트는 학비 및 장학금 정보, 학교 생활과 관련된 다양한 리소스를 제공하여 학생들이 입학 결정을 내리는 데 참고할 내용이 많이 있습니다. 학교 사이트는 또한 학생들이 학교 캠퍼스 투어를 예약하거나 대학교의 특별한 행사에 참여할 수 있는 방법을 안내하는 데 유용합니다.

어디가(adiga.kr)
제대로 쓰기

　　대학별 모집 요강, 학과 정보, 전형 방법, 성적 분포, 대입 상담, 직업 정보를 한곳에서 제공하는 사이트가 있습니다. 한국대학교육협의회에서 만든 대입정보포털 어디가에서 해당 내용을 모두 제공합니다. 입시에 관한 종합적인 정보를 제공하며 학생과 학부모의 입장에서 여러 대학을 비교·분석할 수 있습니다.

　　대학입시의 결과는 어디가에서는 합격선 70%를 기준으로 공개하고 있습니다. 10명 선발이라면 7번째 합격생의 점수라는 뜻입니다.

중위권부터 하위권까지 진학이 가능한 대학의 경우 사이트에 최초 합격선, 추가 합격 인원까지 공개되어 있기도 합니다. 어디가와 각 대학의 입시 결과를 교차 비교하면 합격 여부를 판단하기에 매우 도움이 됩니다. 고등학생이라면 성적을 분석해서 입시 전략을 수립하는 데 실질적인 도움을 받을 수 있습니다. 학생부와 모의고사 혹은 수능 성적을 입력하면 원하는 성적 분석 결과를 제공합니다. 온라인 대입 상담 서비스도 있습니다. 궁금한 점을 전문가에게 직접 묻고 답변을 받을 수 있기에 신뢰도가 높은 정보를 받을 수 있습니다.

어디가와 비슷한 사이트는 진학사와 유웨이가 있습니다. 진학사와 유웨이도 어디가와 마찬가지로 성적 분석 결과를 제공합니다. 유료라는 점이 어디가와 다른 점입니다. 유웨이의 경우 모의고사 성적 분석과 전략 수립에 도움이 됩니다. 대학별로 점수를 산출하는 방법이 다른데 그 부분은 직접 찾아봐야 합니다. 진학사와 유웨이는 성적을 입력하면 '상향', '안정', '하향'으로 나눠서 알려줍니다. 물론 점수와 경쟁률은 지원서 접수 막판까지 고민하게 만듭니다. 해마다 선호하는 학과도 어느 정도 유행을 타기에 점수만으로 합격을 예측하기는 어렵습니다.

동일한 점수를 입력하고 희망 학교를 입력했는데 각각 다른 결과가 나오기도 합니다. 상향이라고 나오기도 하도 안정이라고 나오기도 합니다. 그래서 막판에 컨설팅 업체를 찾기도 합니다. 정보가 있어도 어떻게 해석해야 하는지 곤혹스럽습니다. 이럴 때는 비용을 지불하고 성적을 분석해야 하냐고 질문하십니다. 그때는 불안하다면, 유료로 결과를 보고 마음의 위안을 찾으시라고 말씀을 드립니다. 왜냐하면 누구에게도 확답하기가 어렵습니다. 입시는 유기체처럼 살아 있습니다. 작년에는 합격선이었지만 올해는 아닐 수 있고, 반대일 수도 있습니다. 추가 합격은 내가 붙어야 의미가 있습니다. 확률은 확률일 뿐입니다. 합격으로 위안받고 불합격으로 반성한다는 고교 입시 담당 선생님들의 하소연이 있을 정도니까요.

모든 대학은 전체 입시 결과를 4월까지 교육부에 보고해야 합니다. 그렇게 취합된 데이터의 결정체가 어디가에 담겨 있습니다. 합격한 학생의 70%에 해당하는 점수를 공개하기에 전략적인 계산을 할 수 있습니다. 원하는 학과나 대학에 대한 입시 정보뿐만 아니라 해당 대학의 학비나 지원율 등 다른 궁금한 사항도 해결이 가능합니다.

관심 있는 학교를 미리 선정해두고 들여다보세요. 학령인구 감소에 따라 학과 통폐합도 상당히 이뤄지고 있기에 학과에서 선발하는 인원의 변동을 눈여겨봐야 합니다. 전공이 통합되거나 새로 생긴 학과는 전년도 입시 결과가 없습니다. 비슷한 수준의 학과로 입시 결과를 예측해야 합니다. 게다가 전공 없이 입학하는 무전공 선발도 늘어나는 추세여서 고려해야 할 부분이 많습니다.

	특징	강점	단점
어디가	대한민국의 대학입시 정보를 종합적으로 제공하는 사이트로, 학생들이 대학 및 학과별 입시 정보를 조회하고, 지원전략을 세울 수 있습니다. 대학의 입시 요건, 전형 종류, 최근 합격 성적 등 다양한 정보를 제공합니다.	무료로 제공되며, 사용자들이 쉽게 접근하여 필요한 정보를 찾을 수 있습니다. 대학과 학과의 다양한 입시 정보를 상세히 검색할 수 있어, 입시 준비에 필요한 정보를 종합적으로 제공합니다.	정보의 정확성과 최신성을 유지하기 위해 사용자 참여가 필요합니다.
진학사	학생들이 자신의 성적을 기반으로 대학별로 입시 가능성을 예측하고, 입시 전략을 제시하는 서비스를 제공합니다. 대학의 입시 경쟁률, 필요 성적, 추가적으로 필요한 지원서류 등을 분석하여 학생들이 준비할 수 있도록 돕습니다.	성적 분석과 입시 전략 제시를 통해 개인 맞춤형 입시 지원을 할 수 있습니다. 모의고사 등의 자료를 활용하여 학습 감각을 증진시키는 등의 추가적인 서비스를 제공합니다.	유료 서비스이기 때문에 무료로 제공되는 다른 정보 사이트보다 접근성이 떨어질 수 있습니다. 또한, 개인 정보 제공이 필요합니다.
유웨이	학생들은 자신의 성적을 입력하고, 원하는 대학과 학과의 입시 경쟁률과 필요 성적을 분석하여 합격 가능성을 예측할 수 있습니다. 또한, 모의고사 성적 관리와 다양한 연습 문제를 제공하여 입시 대비 실전 감각을 키울 수 있습니다.	학생 개인의 성적을 기반으로 한 맞춤형 입시 준비 계획을 제공합니다. 다양한 모의고사 문제와 해설을 통해 학습 효과를 높일 수 있습니다.	유료 서비스이며, 일부 추가 기능을 이용하기 위해서는 유료 구독이 필요합니다.

어디가에서 제공하는 직업 정보에는 관련 학과를 바로 확인할 수

있게 되어 있어서 진학 전략을 세우는데 유용합니다. 한국고용정보원 워크넷에 있는 자료를 기반으로 관련 자격, 전망까지 나와 있어서 학생과 부모가 정보를 탐색하기에 매우 잘 정리되어 있습니다. 관심 있는 분야가 있다면 어느 학과가 관련이 있는지 어느 대학에 개설이 되어 있는지 복잡하지 않게 한 곳에서 해결할 수 있습니다.

인서울 대학 이외의 대학의 현황은 어디서 알아봐야 할까요? 관련 정보를 해당 대학 재학생이나 졸업생에게 물어보고 싶다면 원격영상진로멘토링이 있습니다. 광범위한 정보가 궁금하다면 대학알리미를 찾아보면 됩니다. 대학알리미도 대학별 입시 정보와 더불어 대학의 주요 정보를 제공합니다. 학생선발방법, 등록금, 신입생경쟁률, 취업률, 그리고 대학의 교육 여건, 재정 상태 등 다양한 통계 자료를 제공한다. 이는 학생과 부모가 더욱 폭넓은 시각에서 대학 선택을 할 수 있도록 돕습니다. 전문대학 진학을 고려한다면 프로칼리지(https://www.procollege.kr)에서 확인하면 됩니다.

정보는 찾으면 분명히 있습니다. 특별한 지식이 있어야 해석이 가능한 전문 분야가 아닙니다. 부디 겁내지 말고 자주 들여다보세요. 그래야 눈에 들어옵니다. 입시 설명회에서 보여주는 정보도 공개된 자료에 기반합니다. 해석이 필요한 부분은 학교 진학 상담으로 도움

받는 방법도 있습니다.

아이 인생에서 중요하다고 여기며 오랜 시간과 노력을 감수하는데, 관련된 정보를 알아보고, 정보의 사실 여부를 확인하기를 타인에게만 맡긴다는 건 어불성설입니다. 모든 걸 직접 다 알아야 하는 건 아니지만 성적에 신경 쓰기에 앞서 무엇을 원하는지, 꼭 알아보는 시간이 필요합니다.

대학 홈페이지에서
놓치면 안 되는 것

특목고에 진학에 관심 있는 경우, 이미 다니는 지인에게 물어보거나 온라인 카페에 묻는 게 시작입니다. 그다음엔 특목고 전문 학원을 찾아서 상담하고 아이의 입시 성공 여부를 고민합니다. 찾다 보면 대학입시의 정보는 많은 것처럼 보이는데 고등입시는 정보는 그렇지 않습니다. 그래도 고등·대학입시를 앞두고 먼저 찾아봐야 하는 정보는 해당 학교의 홈페이지에 있습니다. 입학전형, 학사일정, 학과 정보 등 최신 정보를 제공하므로, 학생에게 필요한 정보를 정확하게 얻을 수 있습니다. 중요한 공지사항, 입시요강, 모집인원 등 공식적인 발표가 안내되어 있습니다. 학교 홈페이지는 입시와 관련된 다양한 자료, 예를 들어 지난해 입시 결과, 면접기출문제, 서류 양식 등을 제공합니다. 해당 정보가 기틀이 됩니다. 뼈대가 있어야 살을 붙일 수 있습니다. 최소한 이 정도는 해야 사교육 업체에서 제공하는 정보를 해석할 때 불안하거나 걱정이 앞서지 않습니다.

사교육을 멀리하라는 의미가 아닙니다. 오히려 필요할 때 전략적으로 이용하기를 바랍니다. 입시에 대해 기본 정보를 알고 있으면 사교육을 더 효율적으로 활용할 수 있다고 믿기 때문입니다. 알고 묻는 말과 정말 몰라서 묻는 말은 분명히 차이가 있으니까요.

대학교 진학도 마찬가지입니다. 원하는 학과, 원하는 대학이 뚜렷하지 않아도 큰 줄기 정도로는 생각해두어야 합니다. 2022 개정 교육과정에 따라 2025년부터는 고등학교 1학년으로 입학하면 자신이 듣고자 하는 과목을 신청해야 합니다. 필수과목은 정해진 대로 수강하지만, 선택과목은 신청해야 합니다. 1학년도 적응 중인데, 다음 학기도, 다음 학년도 고민해야 합니다. 당연히 자신의 미래에 대한 성찰이 있어야 헤매지 않고 결정할 수 있는 부분입니다. 관심이 바뀌더라도 괜찮습니다. 주어진 데로 공부하는 시기는 지났습니다. 주요 과목 안에서 구체적으로 원하는 방향을 잡아야 합니다. 세상에, 공부도 별로인데 개설하는 과목까지 알아보려니 할 일이 많습니다. 그나마 미리 생각해두면 대입에서 방향을 잡는 데 큰 도움이 됩니다.

대학 진학은 보고 또 봐야 합니다. 원하는 학과와 학교를 정했다면 그대로 정보를 찾고 전략을 세우면 됩니다. 진로도 방향도 잘 모르겠더라도 들여다봐야 알 수 있습니다.

제가 상담했던 중학교 3학년이었던 용이는 "잘 모르겠어요. 하고 싶은 게 없어요."라는 말을 자주 했습니다. 고등학교 1학년 윤후는 성적이 괜찮음에도 불구하고 이렇게 말했습니다. "공부는 시키니까 하는 거죠. 다른 건 할 줄 아는 게 없어요."

꿈과 희망이 처음부터 선명하게 펼쳐져 눈앞에 있다면 얼마나 좋겠습니까만, 현실은 대개 그렇지 않습니다. 그래서 더 필요한 것이 스스로를 아는 과정입니다. 무엇을 좋아하는지, 어떤 일에 흥미를 느끼는지에 대한 정보가 쌓여야, 자신의 성향과 성적에 맞는 진학을 고민할 수 있습니다. 이 과정을 거치지 않으면, 대학 진학 이후에 다시 방향을 잃는 이른바 '제2의 사춘기'를 맞닥뜨리기 쉽습니다. 더구나 변화하는 입시 제도에서는 진로와 적성을 탐색하며 공부하는 태도 자체가 대학 진학에 유리하게 작용합니다. 전공적합성이 중요해진 지는 이미 오래입니다.

'일단 대학만 가면 된다'는 인식은 이미 오래전에 힘을 잃었습니다. 대학이 인생의 종착지가 아니라는 점, 그리고 대학 이후의 시간이 더 중요하다는 사실을 부모도 알고 있습니다. 대학 간판만으로 다음 단계가 보장되지 않는다는 경험 역시 사회적으로 공유되고 있습니다.

그럼에도 한국 사회에서 학업 성취는 여전히 성실함의 척도로 작동하며, 대학 서열은 사람을 평가하는 기준으로 남아 있습니다. 서연고, 서성한, 중경외시, 건동홍, 국숭세단으로 이어지는 서열 바깥에 놓였다는 이유만으로, 입시에서 실패했다고 말해야 하는 것인지 묻게 됩니다. 이 질문 앞에서, 우리는 다시 한번 입시의 의미와 기준을 돌아볼 필요가 있습니다.

성적과 무관하게 자신이 추구하는 방향이나 즐거움, 일에 대한 막연함을 구체화하는 시간이 필요합니다. 공부를 잘해도, 못해도 똑같습니다. 학교는 시대를 앞서가서 미리 배움을 제공하는 기관이 아닙니다. 그러면 학교는 학생을 선발할 때 무엇을 보고 선발을 결정할까요? 자신에 대한 고민과 그걸 증명하는 서류입니다. 원서 접수할 때 결정하면 늦습니다. 수시가 아니고 정시여도 마찬가지입니다.

고등학교에 입학한 뒤 대략적으로 진로를 정해도 된다는 말은 더 이상 현실과 맞지 않습니다. 학생부종합전형을 고려한다면, 고등학교 입학 이전부터 진로에 대한 구체적인 접근이 필요하다는 의미입니다. 합격에서 성적의 비중이 가장 크다는 사실은 변하지 않지만, 학종에서 요구하는 스토리는 갑자기 만들어지지 않습니다. 고등학교에 입학해 적응기를 거치고 첫 중간고사를 치른 뒤에는, 진로의 방향을 대략 정해야 하는 시점이 찾아옵니다. 이때부터는 점수를 올리는 일이 급해지고, 진로나 인생에 대한 고민이 들어설 여유는 점점 줄어듭니다. 그래서 진로에 대한 고민은, 가능한 한 이른 시기에 시작하는 편이 현실적입니다.

자꾸 보면 정든다는 말이 있지요. 진학 가능 여부는 차치하고 아이가 대학 사이트에 자주 들어가봐야 합니다. 유튜브에서 다니고 싶은 학교 영상이라도 보게 하세요. 자꾸 보다 보면 그 학교에 다니고 싶은 마음이 들기도 하고, 다른 관심 영역을 찾을 수도 있습니다. 최상위권 학교라도 괜찮습니다. 부모가 현실 자각을 시켜줄 필요가 없습니다.

원서 상담할 때 "아무 대학이나 괜찮아요." 혹은 "서울에서 가까운 데로 보내주세요."라고 말하는 학생이 사실 제일 까다롭습니다.

싫은 거라도 말해주면 차라리 수월합니다. 합격을 해도 열심히 다닐 의사는 없습니다. 그냥 다니는 겁니다. 어차피 학교는 껍데기라고 말했던 학생도 여럿입니다. 4년의 시간이 가볍지만은 않은데 그 시간을 쉬이 날려버리려는 걸까요? 재수나 반수, 편입을 바라며 다시 연락하는 학생들도 점점 늘어나고 있습니다. 진로에 대한 깊은 고민 없이 선택한 진학은, 또 다른 방황을 가져올 뿐이라는 사실을 우리는 반복해서 목격하게 됩니다.

내가 사는 지역 교육 자원 알기

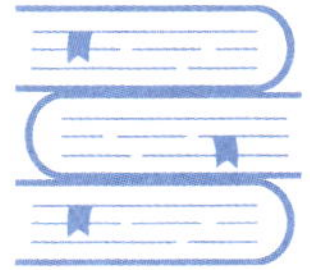

　교육청은 학부모에게 가깝게 느껴지는 기관은 아닙니다. 교육청을 직접 접하게 되는 경우도 대체로 제한적이며, 자녀의 전학이나 편입, 학교 배정과 같은 행정적 사안을 처리할 때가 대부분입니다. 자녀의 교육 환경을 최적화하기 위해 거주지를 변경하는 경우, 교육청은 학부모들이 가장 먼저 접촉해야 할 중요한 기관입니다. 초등학교와 중학교는 주로 지역 기반으로 학생을 배치합니다. 고등학교는, 학교 배정 방식이 다소 복잡합니다.

고등학교는 지원제도로 운영되며, 크게 전기와 후기로 나뉘어 입학 절차가 진행됩니다. 전기 고등학교는 특수목적고등학교(특목고), 자율형 사립고등학교(자사고), 특성화고 등 특정 학교에 진학하기 위해 가장 먼저 지원하는 단계입니다. 이들 학교는 비교적 명확한 교육목표와 특화된 교육과정을 갖추고 있어, 학생이 특정 분야에서 보다 심화된 학습을 할 수 있도록 돕습니다. 후기 고등학교는 전기 고등학교 지원 이후에 선택할 수 있는 학교를 의미하며, 일반계 고등학교와 일부 특성화 고등학교가 이에 해당합니다. 후기 고등학교 단계에서는 선택의 폭이 넓어져, 학생의 적성과 학업 성취 수준에 맞는 학교를 보다 현실적으로 고려할 수 있습니다.

이사를 결정하고 원하는 학교에 자녀를 배정받기 위해서는 적절한 시점에 거주지를 등록해야 합니다. 이 경우, 학부모들이 가장 신뢰할 수 있는 정보의 출처는 바로 교육청입니다. 교육청은 해당 지역의 학교 배정 정책과 절차에 대해 상세히 설명하며, 이사 전략을 계획하는 데 필요한 중요한 정보를 제공합니다. 예를 들어, 교육청에서는 각 학교의 모집 요강, 배정 기준, 학급 수, 그리고 학부모와 학생들이 꼭 알아야 할 배정 관련 절차 등을 자세히 안내합니다. 초등학교와 중학교의 통학 구역과 학교군을 확인하고 싶다면 학구도 안내 서비스(schapteroolzone.emac.kr)가 있습니다. 통학 지역을 지도로 한눈에 볼 수 있다는 장점이 있습니다.

오늘날 학부모와 학생들은 다양한 경로를 통해 교육 정보를 접하고 있습니다. 인터넷 검색은 물론이고, 소셜 미디어와 온라인 커뮤니티, 교육 관련 웹사이트 등 정보에 접근할 수 있는 창구도 매우 많아졌습니다. 그만큼 필요한 정보를 빠르게 얻을 수 있게 된 것은 분명한 변화입니다. 다만 정보의 양이 늘어난 만큼, 신뢰하기 어려운 내용이 함께 유통될 가능성도 커졌습니다. 그래서 학부모와 학생은 정보를 선택할 때 출처가 어디인지, 근거가 분명한지 한 번 더 살펴볼 필요가 있습니다. 특히 장기적인 교육 계획을 세울 때일수록 기본이 되는 공적 자료를 바탕으로 판단하는 것이 중요합니다.

서울시 교육청을 포함한 전국의 교육청들은 교육부 산하 기관으로서 국가의 교육 정책을 지역적으로 실행하는 중요한 역할을 담당합니다. 대한민국은 서울을 포함하여 부산, 대구, 광주, 인천, 대전, 울산, 경기, 강원, 충북, 충남, 경북, 경남, 전북, 전남, 제주, 세종 등 다양한 지역에 시도교육청을 두고 있습니다. 시도교육청은 대학입시와 같은 대형 교육 정책보다는 초·중·고등학교 교육과 관련된 구체적인 행정 업무를 주로 담당합니다. 학교 설립 및 운영, 교사 인사

관리, 학생 생활 지도, 교육과정 편성 및 평가, 학교 시설 관리, 지역 사회와의 협력 등 다양한 교육 서비스를 제공하며, 지역 내 교육 현황을 총체적으로 관리합니다.

서울특별시교육청은 이러한 정보 제공을 위해 다양한 방법을 활용하고 있으며, 그 중 대표적인 것이 고등학교 진학 관련 홍보 사이트인 하이인포(https://hinfo.sen.go.kr/index.do)입니다. 이 사이트는 서울시 내 고등학교 진학과 관련된 다양한 정보를 체계적으로 제공하는 중요한 정보 창구로, 학부모와 학생들에게 매우 유용한 자료를 제공합니다. 하이인포 사이트에서는 고등학교 진학에 관한 다양한 정보뿐만 아니라 자주 묻는 질문에 대한 해답도 제공되어 있어, 학부모들이 고등학교 진학과 관련된 궁금증을 해소하는 데 큰 도움을 줍니다. 이 사이트의 가장 큰 장점 중 하나는 교육청 담당자들이 직접 운영한다는 점입니다.

그러나 하이인포 사이트가 주로 서울특별시 내의 고등학교 진학 관련 정보를 제공하는 사이트이기 때문에, 서울 외의 다른 지역에서는 이 사이트에서 제공하는 정보가 직접적으로 적용되지 않을 수 있습니다. 각 시·도 교육청은 관할 지역의 고등학교 진학과 관련된 정보를 공식적으로 안내하고 있으며, 이를 통해 보다 정확한 입학 절차와 기준을 확인할 수 있습니다. 따라서 서울 외 지역에 거주하는 학부모와 학생이라면 해당 지역 교육청 홈페이지를 통해 필요한 정보를 직접 확인하는 것이 좋습니다.

그럼에도 서울을 기준으로 한 정보를 함께 살펴본 이유는, 서울이 높은 인구 밀도를 가진 대도시로서 다양한 교육 정책과 프로그램이 비교적 빠르게 시도되고 축적되는 환경이기 때문입니다. 또한 서울은 대한민국의 수도로서, 새로운 제도와 변화가 먼저 적용되고 이후 다른 지역으로 확산되는 경우가 많다는 점에서도 참고할 만한 의미를 지닙니다.

결국 서울시교육청을 포함한 각 지역의 교육청은, 학부모와 학생이 믿고 기댈 수 있는 교육 정보의 중심에 있는 기관이라고 할 수 있습니다. 이곳에서 제공하는 자료를 차분히 살펴보는 것만으로도, 자녀의 교육 환경을 보다 안정적으로 점검하고 장기적인 계획을 세우는 데 도움을 받을 수 있습니다.

정보가 넘쳐나는 시대일수록, 더 많은 정보를 쫓기보다 믿을 수 있는 기준 하나를 갖는 일이 중요합니다. 정확하고 신뢰할 수 있는 정보를 천천히 골라 살피는 태도 자체가, 아이의 교육을 지켜보는 부모의 마음을 한결 가볍게 만들어줄 겁니다.

변화하는 시대,
미리 읽고 준비하기

에너지 효율 전문가, 공급망 관리인, 디지털 트윈 기술자, 제품 생명주기 관리 공학자, AI 알고리즘 감사관, AI 설계사, 에고텔러, 데이터 중개인, 퇴비 마스터, 비건 육류 전문가, 디지털 치료사, 노인 동반 에이전트, 나노 의학 연구원, 온라인 명성 컨설턴트, UX 디자이너, 공급망 관리인, 비파괴 검사 기술자, 기분·공감 매니저 등의 직업

을 들어본 적이 있으신가요?[*] 듣도 보도 못한 단어의 조합으로 보이기도 합니다.

이렇게 시대는 변합니다. 전화 교환원, 필름 영사 기사, 식자공, 버스 안내원 등의 직업은 이제 책에서나 보는 단어가 되었습니다. AI의 등장으로 지식은 언제나 구할 수 있게 되었습니다. 지식을 찾아서 활용하는 방법이 더 중요해진 시대입니다. 변화의 속도가 빨라지고 그에 맞춰 유연해지기까지 해야 합니다. 빨라진 속도는 점차 낯설어지고, 따라가지 못하면 도태된다는 걱정과 불안도 함께 커집니다. 그래서 안정된 직업을 사람들이 훨씬 더 선호하게 됩니다.

의사, 변호사, 교사, 공무원 같은 공고해 보이는 전문직 직업에 대한 선호가 점점 강해지는 이유 역시, 사회 변화의 속도가 그만큼 빨라졌기 때문입니다.

2022년 버크셔 헤서웨이 주주총회에서 워런 버핏에게 한 소녀가 종목을 하나만 추천해달라고 했습니다. 그러자 워런 버핏은 종목보다 더 좋은 걸 알려주겠다며 이렇게 답했습니다.

"당신이 할 수 있는 최선은 무언가를 특출나게 잘하는 것입니다. 어떤 능력도 당신에게서 빼앗을 수 없고, 사라지지 않습니다. 따라

---

[*] 푸베로, 산드린느. 『선생님도 몰랐던 미래의 직업』. 다산어린이.

서 최고의 투자는 자기 스스로를 성장시키는 것이며, 이는 세금도 붙지 않습니다.[*] ”

여러분의 아이는 무엇을 잘하나요? 유난히 반짝이는 무언가가 있나요? 당장 떠오르지 않을 수 있습니다. 그래도 찾아야 합니다. 시간이 얼마나 소요되든 중요하지 않습니다. 입시에 맞춰서 '짠' 하고 나타나면 좋겠지만, 그런 일은 유니콘이라고 할 수 있습니다. 육아에서 말하는 '유니콘'이란, 대화에는 등장하지만 실제로는 한 번도 본 적 없는 아이, 뭐든 잘하며 부모의 기대에 잘 부응하는 아이를 말합니다.

왜 이렇게 나를 알아야 하고 관심 분야를 찾아야 한다고 말하냐면, 그렇게 세상도 흘러가고 입시도 따라가고 있기 때문입니다. 학점제가 대학에서는 이미 사용되던 시스템이지만, 고등학교에서는 이제 시작 단계입니다. 입시와 맞물리기에 대학만 진학하던 시기의 전략과는 다른 접근 방식이 다릅니다. 과목 선택조차 스스로 해야 하고, 그 과목이 나에게 필요한 이유를 알고 수업을 들어야 입시에 성공적인 연결이 가능합니다. 모둠 형식으로 진행되는 프로젝트 수업도 많

---

[*] "The best thing you can do is to be exceptionally good at something. Whatever abilities you have can't be taken away from you. They can't actually be inflated away from you. So the best investment by far is anything that develops yourself, and it's not taxed at all."

아지면서, 함께 수업을 듣고 함께하고 싶어지는 관계를 만들어가는 일이 학교생활의 중요한 조건이 되었습니다. 이런 '함께하고 싶은 특별함'이 있어야 학교생활도 한결 수월해지는 것이 지금의 현실입니다. 부모가 대신해 줄 수 있는 영역이 전혀 아닙니다.

'내'가 누구고 어떤 사람인지 알아야 합니다. 아이도 알고 부모도 알아야 합니다. '나'와도 잘 지내고 타인과도 잘 지내야 합니다. 위에서 언급한 새로 생겨난 직군도 하늘에서 뚝 떨어진 게 아닙니다. 기존 업무에서 조금씩 확장되고, 기술이 더해져 나타났을 뿐입니다. 단독 업무가 가능한 분야도 있겠지만 대부분은 누군가와 함께 일을 하게 됩니다. 사람의 협업이 무엇보다 중요한 이유입니다. 독과점이라면 고를 필요가 없지만 경쟁이 시작되면 특별한 이유가 있어야 선택받을 확률이 높아집니다.

시장과 환경이 선택의 영역이 아니라면, 학부모는 무엇을 해야 할까요? 내 아이에 대한 분석이 최우선입니다. 유망 학과, 뜨는 분야라고 해도 내 아이와 맞지 않을 수 있음을 우리는 압니다. 예를 들면, 간호 보건 분야는 직종의 안정성 때문에 지원율이 높습니다. 취업까지는 어렵지 않을지라도 퇴사율이 높은 편입니다. 적성의 영향을 크게 받는 분야가 분명히 있습니다. 일은 해보기 전에는 알 수 없으니,

도전을 해보긴 해야 하지만 그 선택의 중심에는 본인의 심지가 단단

히 서 있어야 합니다. 다른 분야로 새로 시작하더라도 원망의 화살

이 부모를 향하지 않는 길입니다.

학년별
확인 사항

　제가 상담에서 만난 부모님들은 미취학 아동부터 고등학교 3학년 자녀를 둔 경우까지 매우 다양하지만, 공통적으로 던지는 질문은 늘 비슷합니다. 바로 해당 학년과 배우는 내용에 맞춰 미리 해두어야 할 특별한 학습이 무엇인지에 대한 것입니다. 가능하다면 학기나 학년을 넘어 몇 번 정도 반복해 어야 하는지를 알고 싶어 하는 경우가 많습니다.

　특히 학군지를 기준으로 하면, 『수학의 정석』은 최소 몇 회독은 마치고 입학해야 한다는 인식이 자리 잡고 있습니다. 두세 번 정도의 반복 학습은 이미 보편적인 기준처럼 이야기되기도 합니다. 중학교 2학년 겨울방학에 고등학교 수학을 어디까지 진행했느냐에 따라 이후 고등학교 내신 성적이 달라진다는 말이 자연스럽게 오가는 분위기이기 때문입니다.

학군지에서는 내신 경쟁이 치열한 만큼, 미리 한 번이라도 살펴보는 것이 필요하다는 인식이 넓은 의미의 예습으로 받아들여지고 있는 셈입니다. 다만 이러한 방식이 모든 아이에게 동일하게 적합하다고 보기는 어렵습니다. 학년을 앞서는 것보다, 아이 개인의 학습 수준과 이해도를 기준으로 한 전략이라면 충분히 의미가 있으며, 그런 접근이라면 오히려 바람직하다고 할 수 있습니다.

초등학교 4학년까지 초등 전 학년, 전 과정을 모두 끝내야 한다는 식의 학습이 아니면 마음이 놓이지 않으시나요. 개인마다 성장 속도가 다르듯, 학습의 속도와 방식에도 차이가 생기는 것은 너무나 자연스러운 일입니다. 과목별로 이해의 깊이나 진도가 다른 것도 당연합니다. 부모가 공부를, 반드시 채워줘야 할 부족한 준비물처럼 여기기 시작하면 학습은 아이의 것이 아니라 어른의 과제가 되고 맙니다.

아이가 유치원이나 초등학교에 다니고 있다면, 짧은 글이나 동화를 계속 읽히세요. 아이가 더는 관심을 보이지 않을 때까지요. 동화책은 상상과 감정의 영역입니다. 아이들이 크면 읽으라고 애원해도 들은 척도 안 합니다. 어린애 취급하냐면서 옆눈으로 쳐다봅니다. 동화든 짧은 이야기든 뭐든 괜찮습니다. 가능한 접하고 읽는 시기를 늘려야 합니다. 그래봐야 몇 개월입니다. 다른 집 아이는 뭐 읽는지 궁금해하지 않으셔도 됩니다. 내 아이가 보려는 책이면 그걸로 충분합니다.

아이가 책을 제대로 읽는지 궁금하면 3가지를 해보세요. 먼저 책을 아이보다 먼저 읽고 부모가 '적절한' 질문을 하면 됩니다. 아이의 수준에 따라 다르겠지만 열린 질문이어야 합니다. 다음은 소리 내어 읽기입니다. 책의 길이와 상관없이 소리 내어 읽게 하세요. 마주 앉거나 옆에서 읽도록 해도 좋고, 영상으로 촬영하는 방법도 있습니다. 화면에서 자기 얼굴 보기를 부담스러워하면 소리만이라도 괜찮습니다.

마지막으로 그 책을 읽은 소감에 대해 대화합니다. 부모와 얘기해도 좋고 혼자 영상으로 찍어도 좋습니다. 책이 관련된 수다라고 생각하면 부담이 덜할까요? 그렇지 않아도 추천 도서는 어른의 관점으로 걸러진 책입니다. 책과 오롯이 나눠야 하는 그 시간은 아이에게 책의 시간으로 오붓하게 남겨두기를 바랍니다.

무엇보다 책을 읽는 것 자체가 편해야 합니다. 글자를 눈으로 보고 머리로 해석하고 받아들이는 과정이 자연스러워야 합니다. 한 권만 보고 또 봐도 됩니다. 다른 책으로 넘어가는 시기가 옵니다. 괜히 다른 책 억지로 들이밀다가 한동안 책을 멀리하게 될 수도 있습니다. 권 수가 많기를 바라시겠지만, 한 권의 책이라도 제대로 기억하는 게 중요합니다.

책을 제대로 이해했는지 확신이 서지 않아 불안한 마음에 독해 문제집을 활용하는 경우도 있는데요. 문제 풀이가 글의 구조를 파악하고 답을 찾는 연습이 된다는 점에서, 일정 단계의 아이에게는 도움이 될 수 있습니다. 실제로 문제 풀이 자체가 필요한 아이도 분명히 존재합니다. 다만 그렇지 않은 경우까지 독서를 세분화된 문제 풀이로 대체할 필요는 없습니다.

독서 문제집의 가장 큰 한계는, 글을 '이해의 대상'이 아니라 '정답의 재료'로 인식하게 만든다는 점입니다. 문단의 흐름과 전체 맥락을 따라가기보다 발췌된 부분에서 단서를 찾는 데 익숙해지면 글 전체를 읽고 사유하는 힘은 오히려 약해질 수 있습니다. 시험에서 부분 발췌 문제가 기본이라는 이유로 끝까지 읽을 필요가 없다고 말하기도 하지만, 이는 하나만 알고 둘은 모르는 접근입니다. 부분을 정확히 이해하기 위해서도 전체에 대한 감각은 반드시 필요하기 때문입니다.

더 나아가 대학 진학 이후를 생각해보면, 가장 중요한 능력은 스스로 텍스트를 끝까지 읽고, 해석하고, 학습으로 연결할 수 있는 힘입니다. 대학에 들어간 뒤에는 누군가 문제를 만들어주지 않으며, 읽어야 할 자료의 양과 난도는 훨씬 높아집니다.

학습은 결국 호기심을 먹고 자랍니다. 살아 있는 호기심은 배우려는 의지를 키우고, 그 의지는 긴 학습을 버티는 힘이 됩니다. 이 귀한 싹을 문제 풀이로만 다듬다 보면, 공부는 점점 외부의 요구가 되고 맙니다. 아이가 스스로 배우고 싶어 하는 마음을 지켜주지 못한 채, 언젠가 '부모를 위해 공부한다'는 말이 나오게 된다면, 그 책임은 아이에게만 돌릴 수는 없을 것입니다.

국어 – 중학교

국어는 하루아침에 늘지 않습니다. 집 한 채를 팔아도 국어 1등급은 어렵다는 우스갯소리가 있습니다. 독서논술학원을 일찍 보내려는 부모들이 많아져서 유명 학원은 대기가 더 길어졌다고 합니다.

국어를 잘하려면 책을 '계속' 읽어야 합니다. 책 한 권 읽는 데 몇 달이 걸리더라도 꾸준히 읽는다면 어떤 내용인지 나름의 방식으로 풀어낼 수 있습니다. 관심 분야가 없다면 베스트셀러도 괜찮습니다. 공룡, 자동차만 좋아했던 남자아이들도 읽을 만한 책이 많습니다. 책을 대화거리로 이야기를 나누시는 건 어떨까요? 주로 들어주면 됩니다. 필요한 질문, 맞는 질문을 하면 좋겠지만 모든 부모가 독서 전문가는 아닙니다. 학습 전문가는 더더욱 아닙니다. 그저 학교 다닌 경험이 있을 뿐입니다.

책을 너무 읽지 않아 걱정이 된다면, 먼저 이전 학년 교과서에 수록된 작품부터 처음부터 끝까지 착실하게 읽기를 권합니다. 검정 교과서 체계이기 때문에, 아이가 학교에서 사용하는 교과서 외에도 여러 종류의 교과서가 존재합니다. 그 안에 실린 문학 작품들을 찬찬히 함께 살펴보시기 바랍니다.

이후에는 해당 작품과 비슷한 수준의 글로 읽기를 조금씩 확장해 나가면 됩니다. 학년별 권장 도서 목록도 참고할 수 있지만, 실제 학년과 반드시 일치할 필요는 없습니다. 그 목록에 포함된 책들은 언제 읽어도 무리가 없으며, 중요한 것은 아이의 현재 국어 이해 수준에 맞추는 일입니다.

책 선택의 기준은 분명합니다. 모르는 단어가 어느 정도 나오는지, 내용을 스스로 요약할 수 있는지, 등장인물의 감정 변화를 느끼고 말로 표현할 수 있는지 살펴보시면 됩니다.

국어 - 고등학교

고등학교에 들어서면 공부해야 하는 양과 깊이가 중학교와는 비교할 수 없을 만큼 늘어납니다. 중학교에서 성실하게 공부하던 학생이라 하더라도 고등학교 학습을 한 번에 소화하기는 쉽지 않습니다. 반복이 필수지만, 교과서와 프린트, 문제집에 담긴 지문과 문항을 모두 챙기려면 상당한 시간이 필요합니다. 대충 훑어보는 방식으로는 상위권을 유지하기 어렵고, 결국 보고 또 보는 수밖에 없습니다.

시간에 늘 쫓기는 고등학생이지만 그렇다고 독서를 완전히 내려놓을 수는 없습니다. 논술이나 면접을 위해서라도 읽기는 필요하며, 요약본을 외우기보다 직접 읽고 생각한 문장으로 답하는 편이 훨씬 낫습니다.

초등·중등 시기에 책을 거의 읽지 않았던 아이가 고등학교에 가서 갑자기 독서하기는 어렵습니다. 그래서 독서의 싹은 가능한 한 살려 두어야 합니다. 하루 15분이라도, 1분이라도 괜찮습니다. 제목만 읽는 것으로도 충분합니다. 서로 예민해지기 쉬운 시기일수록 책을 매개로 한 작은 시도가 아이와의 연결을 이어주는 통로가 될 수 있습니다.

한국사 사회 과학 – 초등학교

한국사, 사회, 과학 과목은 학습 만화로 시작하기에 좋습니다. 그렇게라도 시작해서 용어에 익숙해져야 하기 때문입니다. 사회와 과학을 학생들이 낯설어하는 이유는 한자로 된 단어 때문입니다. 자주 듣고 반복해서 접하다 보면 어렵지 않게 느껴지지만, 아무런 준비 없이 새로운 개념과 용어가 한꺼번에 늘어나면 과목 자체를 피하고 싶어지기 쉽습니다. 사회와 과학은 교과서에 충실한 과목으로, 중·고등학교 어느 단계에서도 기본적인 한자와 용어 이해만 받쳐준다면 충분히 따라갈 수 있습니다. 미리 외워야 한다는 부담을 가질 필요는 없습니다. 다만 학교 시험에서는 결국 정확한 암기가 요구되므로, 그 이전에 수업 시간에 맥락과 용어를 제대로 이해해두는 것이 중요합니다.

한국사 사회 과학 – 초등학교

어린이용 사회·과학 전집을 아이에게 보여줘도 아이가 전체 책을 좋아하진 않을 거예요. 40권짜리 중에 겨우 한두 권 펴보면 속이 타지요. 그렇다고 조급해질 필요는 없습니다. 속이 타는 건 부모의 마음일 뿐 아이의 호기심은 아직 자라고 있는 중일 수 있습니다. 흘려듣기 하듯 제목만이라도 함께 읽어보세요. 관심이 없어 보인다고 억지로 권하지는 마세요. 강요는 호기심을 닫게 합니다. 나중에 뭐라도 들춰본다면 그 지점에서 물꼬를 트면 됩니다.

한국사 사회 과학 – 중학교

개념 이해와 용어 암기는 우선순위가 없습니다. 둘 다 해야 합니다. 학생들이 이해가 먼저다 암기가 먼저다 구시렁거리지만, 어느 것 하나도 덜 중요하지 않습니다. 용어를 모르는 채로 이해하기는 어렵습니다. 또 이해를 해야 암기가 될 거고요. 교과서를 체계적으로 읽는 법을 익혀야 합니다. 자신만의 필기를 연습해야 하는 시기입니다. 2022년 교육과정 개편으로 탐구 과목이 통합되기에 포기해도 되는 과목이 아닙니다. 국·영·수 과목에 강세를 장담할 수 없다면, 탐구라도 챙겨둬야 합니다.

한국사 사회 과학 – 고등학교

고등학교에 들어서면 진학과 진로 전반에 걸쳐 선택 과목이 크게 확장됩니다. 경영, 경제, 세계사, 여행지리, 사회문화, 윤리와 사상, 고전과 윤리, 물리학, 과학사, 생활과 과학, 융합과학 등 다양한 과목이 전공과 직접적으로 연결됩니다. 관련 전공을 염두에 두고 있다면, 이들 과목을 살펴보며 미리 관심을 가지고 챙기는 것이 필요합니다.

수학

요즘 애들은 연산 기계, 시험 보는 기계 같다는 유명 수학 강사분의 평이 있습니다. 영어가 절대평가로 바뀐 후 수학이 입시에서 차지하는 중요성이 커졌습니다. 창의력을 발휘해서 풀어내기를 요구하는 시험이 아니기에 정해진 시간 내에 빠르게 풀어내는 능력이 수학 실력의 일부가 되어 버렸습니다. 그러다 보니 연산이라도 확실하게 잡아야 한다는 인식이 점점 아래 학년으로 내려와 유아부터 '연산 = 수학'처럼 시키는 현상이 정말 심해졌습니다. 서점에서 문제집만 찾아봐도 연산 칸이 따로 있을 정도입니다. 유아부터 시작해서 연산을 쪼개고 분해해 단계별로 풀도록 많은 출판사가 교재를 만들어났습니다. 서점에 없는 학원 교재까지 고려하면 부모들의 수학에 대한 기대는 정말 커 보입니다.

싫어하고, 지치게 하지 마세요. 공부에 대한 속상한 감정이 쌓이면 사춘기를 지나 진짜 공부를 시작할 때 발목 잡힙니다. 언제라도 스스로 일어나려면 강제성이 압도하면 안 됩니다. 물론 자기주도로 공부하는 학생은 유니콘입니다. 만나기 힘듭니다. 그래서 강제성이 필요하다는 결론에 이르기도 합니다. 평범한 학생들에게는 어느 정도 효과가 있기도 하기에 판단이 쉽지 않습니다.

수학 선행이 워낙 알려진지라 연산, 사고력, 서술형 등 갈래별로 나눠서 접근하는 방법이 초등 수학의 현재 유행입니다. 꼭 시키고 싶다면 원리를 이해하는 과정이 반드시 포함되어야 합니다. 덧셈과 뺄셈의 관계를 이해하고 곱셈에 넘어가야 하는 것과 동일합니다. 무작정 시키는 건 아이의 머릿속에 연결 고리를 남기지 못합니다. 어르고 달래서 공부 감정 지켜주는 수준까지 시킨다고 생각하시면 됩니다. 문제를 풀 때, 원리 이해의 관점에서 접근해야지 고등 수학의 문제를 외우지 않을 수 있습니다. 그저 진도만 뺀다고 능사가 아닙니다. 수학 문제를 많이 풀어서 양으로 익숙해지면, 어려운 단계에서 승률이 낮아집니다. 어려운 문제는 암기로 지나갈 수 있는 산이 아님을 고등 수학을 보면 알 수 있습니다.

중하위권이라면 문제를 많이 풀어보는 것만으로도 도움이 됩니다. 성적이 정체기라면 도약을 위해 방법을 바꿀 시간입니다. 원리 이해를 정확히 했는지 점검하고 풀이법을 확인해야 합니다. 또한, 자신이 실수하는 부분을 찾아내야 합니다. 모르는 것과 아는 것, 두 가지뿐입니다. 알 것 같은 건 시험에서 내 것이 아니니까요. 시간 내에 푸는 연습도 중요합니다. 상위권의 경우 기출은 이미 익숙할 수도 있으니 새로운 문제를 풀 수 있는 기회를 늘리시기를 추천합니다.

영어

영어 성적을 좌우하는 핵심은 결국 단어와 문법입니다. 영어 유치원을 다녔는지 여부는 큰 변수가 되지 않습니다. 단어의 정확한 의미를 알고, 문법적 구조를 이해하고 있어야 내신과 수능에서 안정적으로 원하는 성적을 받을 수 있습니다.

한 반의 절반 이상이 수능 영어 1등급을 받는 학교라면, 내신에서 좋은 성적을 받는 일은 더욱 어려워집니다. 경쟁이 치열할수록 시험 문제의 수준은 높아질 수밖에 없습니다. 등급을 나누기 위해 고난도 문제가 출제되는 것은 자연스러운 흐름이기 때문입니다. 교과서에서 출제되면 다행이지만, 실제로는 범위를 벗어난 지문이나 변형 문제가 등장하는 학교도 적지 않습니다. 이로 인해 학교별 시험문제의 난이도 차이는 매우 큽니다. 모의고사가 내신보다 쉽다는 말이 나오는 이유이기도 합니다.

국어와 영어는 모두 '시험 언어'입니다. 일상에서 사용하는 언어와는 성격이 다릅니다. 그래서 영어는 무엇보다 꾸준함이 기본이 됩니다. 연습하지 않으면 쉽게 잊히고, 쌓아두지 않으면 성적을 유지하기 어렵습니다. 영어는 단기간에 해결되는 과목이 아니라, 반복과 관리가 필요한 과목이라는 점을 기억할 필요가 있습니다.

힘들어서 학원 그만두었는데
언제 돌아가야 할까요?

학원을 그만두었다가 언제 다시 시작해야 하는지는, 그만둔 이유에 따라 달라집니다. 가장 먼저 짚어야 할 것은 아이가 멈춘 이유가 무엇이었는지입니다. 단순한 피로감이나 과부하가 원인이었다면, 몸과 마음이 충분히 회복된 뒤 다시 학원으로 돌아가는 것이 좋습니다. 이때 중요한 것은 '진도가 얼마나 밀렸는지'가 아니라, 다시 시작했을 때 버틸 수 있는 상태인지 여부입니다. 진도에 대한 불안 때문에 서둘러 재등록을 하면, 이전과 같은 소진을 반복할 가능성이 높습니다.

쉬는 동안에는 집에서 할 수 있는 최소한의 학습을 유지하며 공부 리듬을 점검해보는 것이 도움이 됩니다. 완벽한 학습을 기대하기보다 아이가 스스로 책상 앞에 앉는 감각을 되찾는 데 목적을 두는 편이 현실적입니다. 이런 과정을 거친 뒤 학원을 다시 선택하는 것이, 장기적으로는 훨씬 안정적입니다.

등록이 어려운 학원일수록, 힘들게 레벨테스트를 받아가며 입학한 학원일수록 부모님은 쉬는 게 불안할 겁니다. 이러다 영영 뒤처지는 건 아닐까, 걱정도 되고 다른 아이들처럼 내 아이도 조금만 더 견뎌주길 바라게 됩니다. 해낼 수 있을 것 같은데 못하는 아이에게 푸념도 하고 달래기도 하며 끝까지 해보려 애를 쓰실 겁니다. 어느 정도는 통합니다. 그러다가 아이가 한계를 넘으면 학업이 정상적으로 진행되기 어렵습니다. 잘하는 과목조차 흔들리고 반항도 거셉니다. 감정의 기복은 더 짧은 주기로 반복되고, 그 강도도 점점 커집니다. 이때 아이는 말로 표현하기보다, 아예 부모와의 대화를 피하거나 수동적인 공격성으로 신호를 보내기도 합니다.

부모가 학원에 아이를 보내는 이유는 분명합니다. 단순히 자리를 채우거나 시간을 보내게 하기 위함이 아닙니다. 배우고 익혀서 학교에서 요구하는 성과를 내고, 그 결과로 아이가 자신감을 회복하길 바라기 때문입니다. 더구나 아이에게 잘 맞는 학원을 찾기 위해 신중하게 고민하고, 믿을 만한 강사를 선택했다면 멈추는 결정이 더욱 두려울 수 있습니다.

그럴수록 '지금 계속 가는 것이 정말 도움이 되는지', '잠시 멈췄다가 다시 가는 편이 결과적으로 더 빠른 길인지'를 차분히 구분해보실 필요가 있습니다. 멈춤은 포기가 아니라, 방향을 다시 잡기 위한 선택일 수 있습니다. 상담에서는 바로 그 지점을 함께 점검해드리게 됩니다.

부모가 걱정하면, 아이도 걱정합니다. 아이의 걱정을 부모가 달래줘도 부족한데 보태기까지 하면 어떡합니까. 아이의 편도체가 버거워서 지친 신체로 의사를 표시했으면 알아줘야 합니다. 괜찮다고, 잠시 쉬어도 된다고 등을 토닥여줘야 합니다.

학원이 너무 부담스럽거나 성적 향상 없이 그냥 다니는 상황이 반복되어 그만뒀다면, 학원 선택을 재고해야 합니다. 그리고 학습 방식을 먼저 점검해야 합니다. 성적이 그대로인데 다시 다니는 건 학원에 다니는 목적에 맞지 않습니다. 대형 학원이었으면 소수정예로, 과외였다면 단과 수업으로 바꿔서 본인에게 맞는 방법을 찾아야 합니다. 학원 쇼핑을 하라는 얘기가 아닙니다. 학습 관리가 필요하다면 가능한 학원에 다니는 편이 좋겠지요. 학원의 유명세를 쫓아 이유가 있지 않음에도 옮길 필요는 없습니다. 그런 분들도 왕왕 만납니다.

학원은 보조수단입니다. 학교 수업과 교과서가 입시의 기본입니다. 정시 지원도 수능 최저를 맞춰야 하는 학교와 학과가 있습니다. 내신이 좋아도 최저 맞추기가 어려워 떨어지는 현역이 적지 않습니다. 그렇기에 학원에 다니는 건 시간과 노력을 투자하는 일입니다. 당연히 자신의 상태를 알고 필요한 부분을 찾아야 학습의 효율성이 올라갑니다. 아이가 왜 학원에 다녀야 하는지 분명히 인지할 때 등록해야 합니다.

자발적으로 다닐 가능성이 없어서 억지로 보내신다면 학원에 기부하는 마음으로 원비를 결제 하시면 됩니다. 안타깝지만 현실이 그렇습니다. 책가방만 들고 왔다 갔다 하는 아이에게 공부가 얼마나 되겠습니까. "그렇게 공부할 거면 하지 마. 다 때려치워. 그 돈 모아서 차라리 다른 걸 하지." 모 아니면 도 방식의 대화는 정말 피하셔야 합니다. 그만두고 아무것도 안 하는 모습 지켜볼 수 있으신가요? '그냥 넌 열심히만 해. 생각도 하지 마.'라는 뜻이잖아요. 기회를 정말 주고 싶다면 하고 싶은 말, 꾹 참고 웃으면서 해주세요. 웃음이 나오지 않는다면 적어도 무표정이라도 지으셔야 합니다.

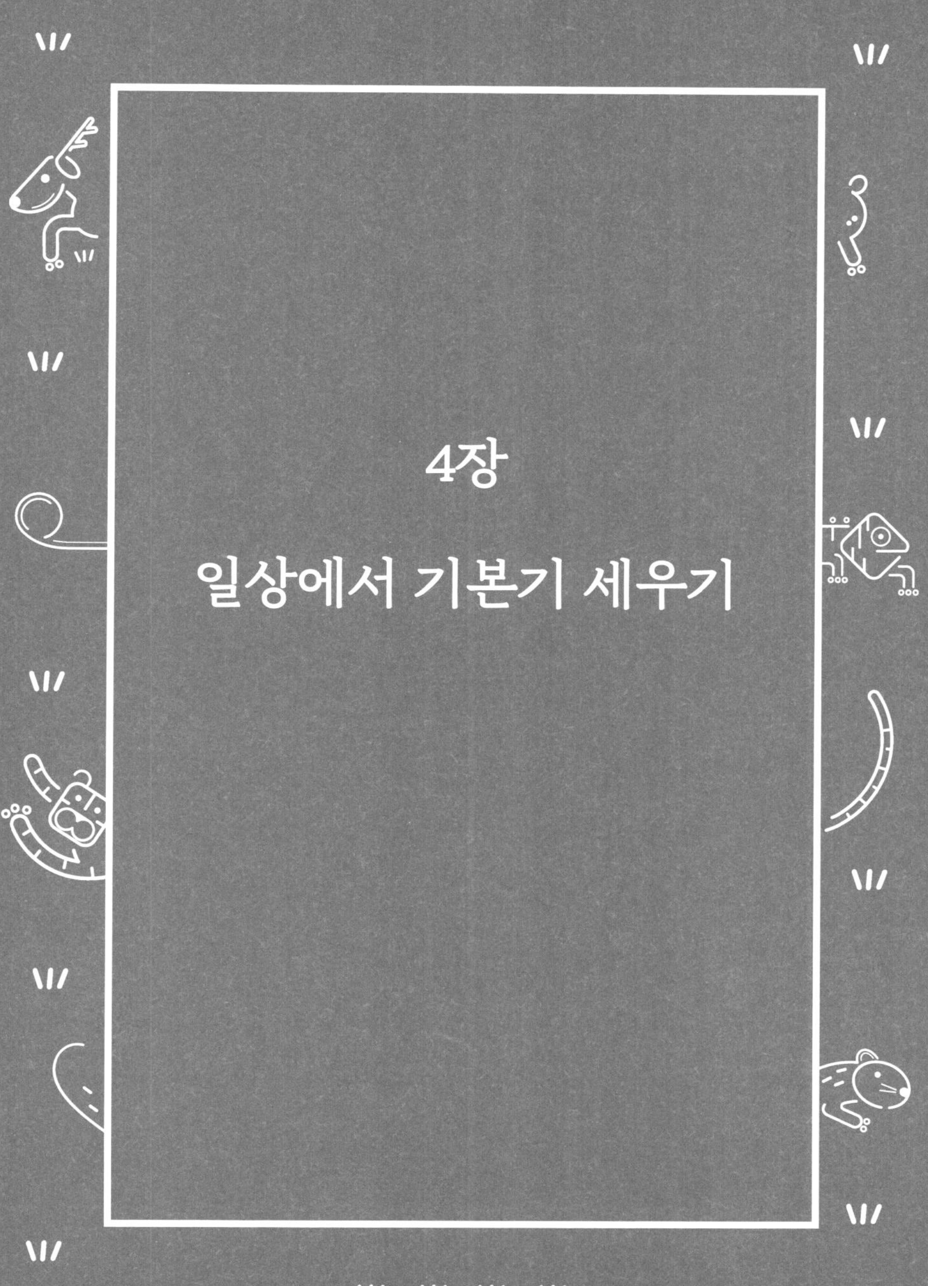

4장

일상에서 기본기 세우기

10년 뒤를 내다보는
입시 전략

　대학은 취업의 도구가 아니라 깊은 공부를 더 하려는 마음으로 진학해야 합니다. 하버드나 스탠퍼드에 합격한 학생에겐 이제부터 공부 정말 열심히 해서 졸업해야겠다고 격려합니다. 한국이라면 어떨까요? 대학 갔으니 이젠 좀 연애도 하고 공부도 하고 취업하면 되겠다는 반응이 대다수입니다. 열정을 대학까지만 쏟고 그 후의 시간은 적당히 살겠다는 의미는 아닐 텐데 입시의 파급력이 워낙 강력하다 보니 그 뒤의 삶에 대해서 생각하기를 미룹니다.

입시는 지나가는 과정입니다. 그 자리에만 맴돌지 않고 다음으로 넘어갑니다. 그 '다음' 단계를 결정하기에 여유롭게 지켜만 보기 어려운 것이 사실입니다. 개천에서 더 이상의 용은 나지 않는다는 시대를 우리는 살고 있습니다. 그래서 부족한 살림이라도 어떻게 해서든 아이를 더 가르치고 싶어 합니다. 경기 상승기에는 자녀 교육에 큰 비용을 들여도 노후를 꾸려 나갈 방법이 있었지만, 경기 침체에는 상황이 다릅니다. 경제 규모로 보면 세계 10위권입니다. 경기가 성장하면 그 자체만으로도 다행입니다. 경제 순환에서 발생하는 일이지만 개인으로 눈을 돌리면 노후 준비는 직접 해야 하는 것으로 귀결됩니다. 자녀에게 기대기엔 자녀의 수도, 부양 금액도 만족하기 어렵습니다. 안정적인 삶을 유지하는 데 자녀 교육에만 너무 많은 비용을 쏟을 수 없다는 뜻입니다. 게다가 대학 졸업 후 취업까지 걸리는 시간이 길어졌습니다. 안쓰럽다는 마음만으로 지출을 감행하기는 살아야 하는 날이 아직 많습니다.

멀리 보고 전략을 세워야 합니다. 학습, 배우고 익히는 일은 시간이 소요됩니다. 길고 길게 아이의 시간에 맞춰서 하면 됩니다. 입시를 단기간에 끝내야 하는 일처럼 덤비면 어느새 부모도 아이도 지칩니다. 공부가 지치든, 관계가 탈이 나든 문제가 발생합니다.

저는 달리기가 취미라 가끔 대회에 나갑니다. 5km, 10km 혹은 하프마라톤까지는 건장한 체격의 젊은이들이 빨리 달립니다. 확실히 차이가 납니다. 누가 봐도 잘 달릴 것 같은 주자들이 내 옆을 훅훅 지나갑니다. 완주에 의미를 두고 대회에 참가하는 저와는 다릅니다. 저는 꾸준한 속도로 걷는 것보다 약간 빠르게 달릴 뿐이고 절대 무리하지 않습니다. 그저 앞에 있는 길을 갈 뿐입니다.

풀마라톤(42.195km)은 얘기가 다릅니다. 저는 같은 속도로 달리는데 25km 정도 지나고 나면 다른 양상이 펼쳐집니다. 익숙한 뒷모습이 점점 뒤로 사라집니다. 그리고 다시 보이지 않습니다. 30km부터는 정도가 더합니다. 마치 배경이 바뀌는 만화처럼 느껴집니다. 마라톤에서 피니쉬라인을 통과할 때가 가장 기억에 남을 것 같다고 누군가 물었습니다. 반은 맞고 반은 틀립니다. 저는 똑같이 뛰는데 제 앞을 달리던 사람들이 골인지까지 사라지는 순간이 정말 또렷합니다. 숫자나 글씨가 아닌 눈앞에서 같이 뛰는 사람들을 앞서가는 기분, 짜릿합니다. 그 순간은 세포에 남겨집니다.

끝까지 달리는 것, 경기를 마치는 그 자체가 엄청난 기억입니다. 그래서 말할 수 있습니다. 아이를 입시에서 100m, 200m, 400m, 800m 단거리 주자로 만들지 마세요. 12년이라는 시간은 절대로 짧지 않습니다. 내가 잘하는 경기가 무엇인지 제대로 알기도 전에 장거리 주자로 뛰어야 하는 학생들입니다. 재능과 실력과는 상관없이 입상권을 무조건 노려야 하는 것처럼 보입니다. 대회를 출전했다고 해도, 무사히 완주하지 못하기도 합니다. 높이뛰기를 잘할 수도 있고, 멀리뛰기에서 재능을 보일 수도 있습니다. 풀마라톤만이 답이 아닙니다.

멈춰도 다시 하면 됩니다. 모르는 주자에게 힘내라고 응원해주고, 도움이 되고 싶어 각종 음료와 부스터를 제공해주는 많은 이들 덕분에 사점(dead point)에서도 다리를 움직일 수 있습니다. 지금 이 자리에서 꾸준히, 계속 쌓은 시간이 마법처럼 힘을 발휘하도록 부모는 곁을 지켜주세요. 경기를 누가 뛰는지, 고통의 순간을 견디고 앞으로 나가야 하는 이가 누구인지 꼭 기억해주세요.

기본 공부법: 예습과 복습 방법

예습과 복습은 학습의 효과를 극대화하기 위해 반드시 실천해야 하는 필수적인 습관입니다. 예습과 복습을 하지 않고 공부를 잘하는 학생은 여태껏 만나지 못했습니다. 무조건 해야 합니다. 단, 자기에게 맞는 방법은 찾아야 합니다.

예습

예습은 선행으로 인해 무시당하는 분위기지만, 그래도 필요하다고 학생들에게 얘기합니다. 수업 하루 전, 바로 직전에 짧게 3~5분 이내로 살펴봅니다. 교과서나 학습자료의 대단원, 중단원, 소단원, 학습목표에 뭐라고 써 있는지 확인하며 전체 흐름을 파악하면 됩니다. 즈금 더 보고 싶다면, 중요해 보이는 문장이나 단어에 밑줄을 그으며 읽습니다. 모르는 단어와 이해가 안 되는 부분에 미리 표시를 해두고 수업 중에 확인합니다. 질문으로 만들어 두면 기억이 수월합니다.

예습에서 지켜야 하는 규칙은 시간입니다. 부담스러우면 안 하게 됩니다. 짧고 굵게 완전 낯설지 않게 머리를 깨우는 정도면 충분합니다. 어떤 학생은 수업 시간에 뭘 배울지 알기에 호기심이 사라져 재미없다고도 합니다. 이런 경우에는 복습에 힘을 모읍니다. 예습은 수업 시간에 처음 마주하는 상황을 선호하지 않고, 불편한 학생에게 적합한 방법입니다. 학생마다 과목마다 차이가 있다는 점을 기억하고 시도하길 바랍니다.

수업 후 3분 복습 · 집 10분 복습

복습은 망각곡선(기억곡선) 이론을 활용하는 방식입니다. 독일의 심리학자 헤르만 에빙하우스가 19세기 후반에 제시한 이론으로, 인간이 새로운 정보를 학습한 후 시간이 지남에 따라 기억하는 양이 급격히 감소한다는 것을 보여주는 그래프입니다.

학습 직후 10분에서 20분 사이에 가장 빠르게 망각이 시작됩니다. 20분이 지나면 42%, 1시간 뒤에는 약 56%, 하루가 지나면 약 67%, 한 달 뒤에는 79%의 내용을 잊어버리게 됩니다. 일정 시간이 지나면 더 이상 급격하게 잊히지 않고, 일정 수준의 기억만 남게 됩니다. 학생들이 '배웠다, 안다'라고 착각하는 이유기도 합니다.

기억을 오래 유지하고 망각을 방지하려면, 적절한 시간 간격을 두고 여러 차례 복습하는 편이 효과적입니다. 이를 분산 반복(Spaced Repetition)이라고 합니다. 시간을 나눠서 복습하는 방법은 새로운 정보를 장기기억으로 저장하고 오랫동안 필요한 정보를 꺼내 쓸 수 있게 됩니다. '반복 없는 학습은 금세 사라지고, 주기적인 복습은 장기기억을 만든다.' - 에빙하우스의 망각곡선 이론이 우리에게 주는 힌트입니다. 평범한 학생이 기억력을 향상하고 싶다면 '반복과 복습의 타이밍'을 이용해야 합니다.

학생들은 복습이라고 하면 수업 전체를 다시 떠올려야 하냐고 묻기도 합니다. 부담스럽지 않게 짧게 여러 번 반복하라고 권합니다. 긴 시간 집중을 요구하는 심화 문제를 제외하고 가능합니다.

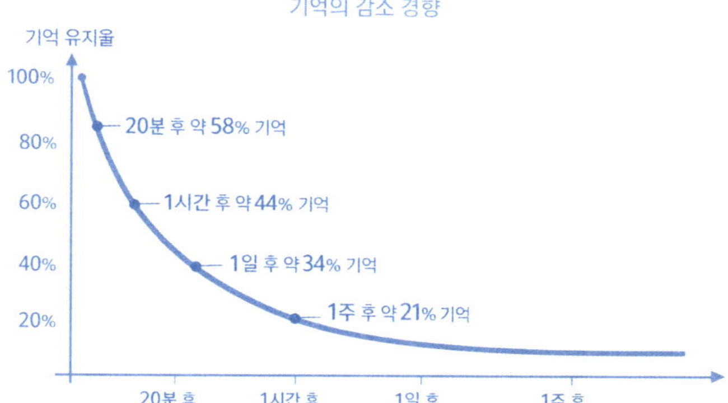

예를 들면, 첫 번째 분산 반복 학습은 학습 직후 그러니까 쉬는 시간입니다. 가장 많은 기억이 단기기억에서 머물러 있는 시기입니다. 긴 시간이 아니어도 복습이 가능하다는 장점이 있습니다. 두 번째 학습은 대략 24시간 뒤입니다. 화요일에 배운 내용이라면 수요일에 복습합니다. 첫 번째의 내용을 훑고, 기억이 가물거리는 부분을 확인하면 됩니다. 세 번째 학습은 일주일 뒤입니다. 수업이 일주일 간격이라고 가정했을 때 지난주에 배운 내용을 돌아보는 학습입니다. 4번째 학습은 한 달 뒤입니다. 중간고사나 기말고사 복습이죠.

같은 내용을 반복하면, 매번 다른 방식으로 접근하기를 권합니다.

단순 읽기를 1회 했다면, 2회차에는 읽고, 요약, 설명하며 복습합니다. 3회차에는 문제 풀이를 하면 됩니다. 2회차와 3회차에는 암기과목인지 주요 과목이냐에 따라 달라집니다. 암기과목에서의 반복은 기억을 떠올리기 위해서 필요합니다. 주요 과목에서는 문제풀이를 위한 원리를 정확하게 이해했는지 확인하는 과정을 챙겨야 합니다. 본인의 수준에 따라 2회냐 3회냐 달라질 뿐입니다. 4회차에는 그동안 수행한 학습을 확인하는 단계입니다.

에빙 이론을 기반으로 삼은 복습은 많은 교육 컨텐츠 업체들이 이미 활용하고 있는 방법입니다. 학생들이 이 정도 수준으로 복습하려면 일단, 복습의 필요성을 알고 실천할 때 효과를 더 높이는 방법입니다. 복습 자체를 안 하고 예습이 누구 이름이냐고 묻는 단계라면 이렇게 여러 번 펼치는 자체만으로도 거부감을 느낍니다. 부담 없이 짧은 시간이라고 말씀을 드리지만, 빠른 시간 복습이 가능해지려면 배우려는 의지도 있어야 하고 수업에 집중해야 합니다.

수업 중 필기

수업을 녹음하는 학생도 있지만, 청각 혹은 신체적인 문제가 있지 않다면 녹음은 추천하지 않습니다. 워낙 학습해야 하는 양이 중고생의 경우 많기에 해당 과목을 처음부터 다시 듣기는 어렵습니다. 필요한 부분만 발췌해서 필기 놓친 부분 찾는다고 하더라도 하지 말라고 합니다. 녹음 파일이 있다는 생각은 그 시간에 온전히 다 알아들으려는 노력을 덜 하게 됩니다. 열심히 녹음하고 정리해도 늘어나는 양을 따라잡는 학생은 흔하지 않습니다. 수업 시간에 소화한다는 원칙으로 손을 써서 기억하자고 학생들에게 말합니다. 뇌의 활성화에는 손으로 써서 하는 필기가 녹음 속 강의보다 더 효과적이라고 과학자들은 말합니다.

작은 성공으로
자신감 만들기

　마라톤은 42.195km를 달리는 경기입니다. 중계 화면을 보면 선수의 앞모습과 옆모습이 두 시간 넘게 반복될 뿐, 장면 자체는 크게 달라지지 않습니다. 지켜보는 것조차 긴 시간인데, 선수에겐 힘들고 고통스러운 시간입니다. 그 거리를 완주하는 방법은 오로지 한 걸음, 또 한 걸음의 나아가는 것뿐입니다. 그렇게 쌓이고 쌓여서야 비로소 결승선이 보입니다.

　요즘 세상은 모든 것이 인스턴트처럼 빠르게 흘러가다 보니, 시간과 노력을 들이는 과정이 마치 과거의 방식처럼 느껴지기도 합니다. 그러나 긴 호흡이 필요한 일일수록, 여전히 그 방법은 변하지 않습니다. 자기주도적인 아이로 키우는 방법도 마찬가지입니다. 작은 성취 경험부터 하나하나 오랫동안 쌓아 가야 합니다.

어느 연령대를 막론하고 스스로 해보는 경험이 중요합니다. '내가 할래 병'이라고 하는 일명 '내가병' 별명이 붙는 3세 시기부터 허용 범위를 늘려줘야 합니다. 신발도 혼자 신고, 가방도 혼자 메고, 옷도 혼자 입어 보는 그 모든 시간이 아이에겐 소중한 경험입니다. 어른의 손이 닿으면 깔끔하고 빠르게 완성할 수 있지만, 그렇게 하면 아이의 기회를 빼앗는다는 사실을 기억해주세요. 식판을 꺼내고 물병을 개수대에 넣는 단순한 과정도 익숙해지면 생활 습관입니다. 식사 시간에 상차림을 담당하고, 먹은 그릇을 치우는 쉬운 일도 포함됩니다.

집에 들어와서 신발 정리, 가방 제자리 두기, 알림장 확인하고 챙기기는 초등학교 저학년에서는 필수입니다. 도서관에서 책도 대출하고 기간에 맞춰 반납하는 연습도 좋습니다. 도서 대여점에서 엄마들이 가방 가득 채워서 이고 지고 가는 장면을 보면, 약간은 우려스럽습니다. 한 글자라도 읽히고 싶은 마음에 그렇게라도 하려는 정성은 이해하지만, 공부만 하면 된다는 무언의 메시지를 전달하는 게 아닐까 싶습니다. 무거워서 도와주는 형식이라면 아이에게도 가방을 들게 해야 합니다. 부모는 대신해주는 역할이 아님을 아이에게 행동으로 조금씩 보여주세요.

아침 기상 시간에 일어나서 이불 정리하고 씻고 학교에 갈 준비 하고, 시간이 남으면 스트레칭이나 아침 독서를 하는 과정이 필요합니다. 일어나기조차 어려워한다면 약속한 시각에 일어나는 연습도 '할 수 있다'라는 기분을 안겨줍니다. 생활 습관이 자리 잡으면 구체적인 성취 경험으로 확장하면 됩니다.

독서기록장은 대부분의 학교에서 의무처럼 시행합니다. 학년이 올라갈수록 독서기록장에 많은 시간을 할애하지 않는 아이들이 많아집니다. 권수를 채우고 내용을 성실하게 쓰는 것 역시 도전의 경험입니다. 열심히 쓰려고 노력하고 뿌듯해한다면 이 자체로 성공 경험입니다. 모둠, 반, 교내에서 주최하는 크고 작은 대회도 아주 좋은 기회입니다.

뇌의 확장 및 가지치기가 일어나는 사춘기는 본인이 어디로 튈지 모릅니다. 기분이 과하게 좋다가 하염없이 우울해지기도 하고, 친구 말 한마디에 신이 나는 시기입니다. 이때는 널뛰는 감정이 어딘가에서라도 안정이 필요할 때 쉼터를 제공해야 하는 단계입니다. 기억 속 어딘가 있는 긍정적인 연결 고리가 힘을 발휘하도록 학교와 가정에서 지금이 항해 중임을 아이에게 지속해서 언급해주세요. 칭찬은 굳이 필요하지 않습니다. 지금의 행동이 노력하는 중임을 부모가 알고 있으며, 그에 대해서 꾸준하게 표현만 하면 됩니다.

도대체 뭐가 나아지는지 눈을 씻고 찾아도 모르겠다면 성취 경험을 기반으로 입시까지 이끌어가기 힘듭니다. 배움은 끝이 없지만 입시는 있습니다. 긴 시간 내내 공부로 뿌듯함을 느끼기는 참으로 험난합니다. 수행평가와 중간·기말 고사까지 학창 시절 동안 넘어져도 일어날 수 있도록 부모는 곁을 지켜주는 역할입니다. 기쁜 일만 있는 인생이 아님을 아는 세대가 바로 부모와 선생님입니다. 평가는 시험으로 충분합니다.

왜 이렇게까지 강조하냐면, 중고생들의 시기적인 특성 때문입니다. 부모의 손을 떠나 그들의 삶을 추구하는 여정을 막 시작했습니다. 친구가 누구보다 중요하고 공부보다 치장에 공을 들이고, 가끔은 연락도 되지 않기도 합니다. 보호자로서 난감하기 짝이 없지만, 뾰족한 수가 없습니다. 믿고 기다리며 우리의 역할에 충실히 하는 것 외에는 별다른 방법이 없지요. 고단한 시기를 보내고 있다고 해도 결국 아이는 자신을 믿어주는 이를 찾아 돌아옵니다.

성취 경험에 대한 긍정적인 감정은 중요합니다. 뇌과학자들의 연구에 따르면, 게임과 같은 성취 유도적인 난이도로 성취 경험을 쌓는 게 중요합니다. 시간과 양 모두 아주 필요합니다. 눈에 보이는 성과가 반복적인 연습에도 보이지 않으면 그 단위를 이 정도는 가능하다고 느껴지게 쪼개 보세요. 그렇게 나누고 반복적으로 연습했다면 한 가지만 더해주세요. 마음을 다해서 믿으시면 됩니다. 진심으로 지금 하는 연습을 잘 해낼 수 있다고, 이 과정을 멋지게 마칠 수 있다고 스스로 믿어야 합니다. 기억은 세포의 연결 고리입니다. 고리가 단단해지는 방법이 진심을 담은 믿음입니다.

스스로에 대한 강한 믿음은 성장 과정에 있는 아이들에게 자연스럽게 생겨나기 어렵습니다. 경험이 충분히 쌓이지 않았고, 비교와 평가에 자주 노출되기 때문입니다. 그래서 부모가 응원도 하고 다독여주면서 멈추지 않고 나아가도록 함께 해야 합니다. 구단을 이끄는 감독과 코치라고 상상하면 어떨까요? 아이의 날갯짓을 희망적으로 지켜봐 주세요. 이렇게 노력하는 부모라면, 당신은 이미 멋진 부모입니다.

근자감이 어때서?

허준이 수학자가 필즈상 수상 기념 강연에서 "어떻게 자신의 길에 집중할 수 있었느냐"는 질문을 받았을 때, 그는 뜻밖에도 "근거 없는 자신감이 중요하다"고 답했습니다. 근거가 있는 자신감은 비교와 성취 위에 서 있기 때문에, 더 잘하는 사람을 만나거나 기대에 못 미치는 순간 쉽게 흔들릴 수 있습니다. 반면 근거 없는 자신감은 외부 기준이 아니라 스스로에 대한 태도에 가깝습니다. 반에서 수학을 1등 했기 때문에 생긴 자신감은 언젠가 무너질 수 있지만, "나는 배워 나갈 수 있는 사람"이라는 믿음은 비교에서 자유롭습니다. 비교에 의한 자신감은 경쟁에서 지는 순간 깨지지만, 존재에 대한 신뢰는 쉽게 사라지지 않습니다.

실제로 해외 대학들의 공동 연구에서도 학생의 미래 학업 성취를 예측하는 중요한 요인으로 '자기 인식'과 '자신감'이 강조되었습니다. 특히 수학과 읽기 영역에서 스스로를 유능하다고 인식한 학생들이 이후 실제 성취에서도 높은 결과를 보였습니다. 이유는 단순합니다. "나는 할 수 있다"고 믿는 학생은 수업에 더 적극적으로 참여하고, 어려운 문제 앞에서도 더 오래 머무르며, 실수를 반복해도 다시 시도하기 때문입니다. 반대로 "나는 원래 못한다"고 여기는 순간, 도전 자체를 피하게 됩니다.

이 지점에서 자기효능감과 근거 없는 자신감이 연결됩니다. 자기효능감은 '나는 해낼 수 있다'는 믿음이고, 근거 없는 자신감은 '지금 당장 완벽하지 않아도 괜찮다'는 태도입니다. 두 가지가 결합될 때 아이는 실패를 성격의 문제로 해석하지 않고, 과정의 일부로 받아들입니다. 회복탄력성 역시 이 토대 위에서 자랍니다. 실력이 충분하지 않아도 시도하고, 반복되는 실수 속에서도 자기를 포기하지 않는 힘은 결국 이런 믿음에서 나옵니다.

그렇다면 부모가 해줄 수 있는 일은 무엇일까요. 출발점은 거창하지 않습니다. 성공 경험을 설계해주는 일입니다. 쉬운 목표를 설정하고, 반드시 달성할 수 있는 수준에서 시작하도록 돕는 것입니다. 한 페이지를 모두 풀기 전에 두 문제만 풀어보게 하고, 짝수 번호만 도전하게 하고, 한 줄이라도 끝내게 하는 방식입니다. 작게 쪼개진 목표를 스스로 해냈다는 경험이 쌓이면 "나는 할 수 있다"는 감각이 생깁니다.

중요한 것은 결과에 대한 칭찬보다 과정에 대한 인정입니다. "역시 넌 똑똑해"보다는 "끝까지 해냈구나", "어려웠는데도 다시 시도했네"라는 말이 더 단단한 자신감을 만듭니다. 반복된 작은 성공은 아이 안에 조용한 확신을 쌓습니다. 그리고 그 확신은 언젠가 더 큰 도전 앞에서도 아이를 다시 일어서게 하는 힘이 됩니다. 이것이 우리가 아이에게 꼭 심어주고 싶은 역량입니다.

'매일 아침 물 한 잔 마시기', '오늘 잘한 일 한 가지 기록하기'처럼 학습과 직접적으로 연결되지 않은 목표여도 괜찮습니다. 핵심은 내용이 아니라 지속성의 경험입니다. 첫째 날, 둘째 날 실천하고 셋째 날 놓쳤다 해도 실패가 아닙니다. 넷째 날 다시 시작하면 됩니다. 셋째 날의 공백은 중단이 아니라 과정의 일부입니다. 처음부터 일직선으로 성공만 이어지기를 바라는 것은 현실적이지도, 건강하지도 않습니다. 꾸준함은 '그럼에도 불구하고' 다시 하는 힘에서 나옵니다.

이 경험이 쌓이면 아이는 배웁니다. "나는 멈출 수는 있어도, 포기하지는 않는다"는 감각을 익히게 됩니다. 작은 반복이 자기 신뢰로 연결되고, 그 신뢰가 더 큰 도전을 견디게 합니다. 학습도 결국 같은 원리로 작동합니다.

여기에 더해 부모, 교사, 친구의 긍정적 피드백은 자신감 형성에 중요한 영향을 줍니다. 인정받고 싶은 사람에게서 듣는 격려 한마디는 잔소리 열 마디보다 강합니다. 반대로 날 선 말투, 무심한 표정, 사실이라는 이름으로 던지는 차가운 평가들은 아이의 마음을 위축시킬 수 있습니다. 비난인지 조언인지 모호한 피드백은 피하는 편이 낫습니다.

적절한 피드백은 결코 쉬운 기술이 아닙니다. 노력과 과정을 인정하라는 말을 수없이 들어도, 막상 아이 앞에서는 마음과 다르게 말이 엇나가기도 합니다. 그럴 수 있습니다. 부모도 연습이 필요합니다. 부모가 자신을 믿고 긍정적인 언어를 선택하려 애쓰는 모습 자체가 아이에게는 본보기가 됩니다. 아이는 말보다 태도를 더 오래 기억합니다. 부모가 스스로를 신뢰하는 방식을 배울 때, 아이 역시 비슷한 방식으로 자신을 대하게 됩니다.

기출과
기출 사이

　기출문제는 분명 도움이 됩니다. 출제 경향을 파악할 수 있고, 어떤 영역에서 문제가 나왔는지를 확인할 수 있다는 점에서 큰 장점이 있습니다. 다만 문제는 많은 학생이 기출문제를 푸는 것으로 공부를 대신하려 한다는 점입니다. 논리 구조는 비슷할 수 있지만, 기출문제는 절대 그대로 다시 출제되지 않습니다.

　실제 시험에서 중요한 것은 내가 알고 있는 내용을 바탕으로 정해진 시간 안에 풀어낼 수 있느냐입니다. 이것이 기출문제를 공부하는 진짜 의미입니다. 그래서 "기출을 한 번 돌렸는데 몇 번 더 풀어야 하나요?"라는 질문은 큰 의미가 없습니다. 아는 것은 알고, 모르는 것은 모르는 상태를 분명히 인지해야 합니다. 기출을 풀었다면, 적어도 그 문제만큼은 완전히 이해하고 넘어가야 합니다.

여러 번 강조하지만, 강의를 듣는 행위는 라디오를 듣는 것과 비슷합니다. 끝났을 때 머릿속에 남는 것이 있어야 비로소 수업이 됩니다. 남은 내용을 붙잡고 다시 확인하는 과정이 바로 복습입니다. 기출문제 공부도 마찬가지입니다. 문제를 풀었다는 사실보다 그 문제를 통해 무엇을 이해했는지가 남아 있어야 합니다. 답을 맞혔는지는 그다음입니다. 왜 그렇게 풀었는지 설명할 수 있어야 비로소 공부가 됩니다. 맞힌 문제라 하더라도 풀이 과정이 불분명하다면 다시 짚고 넘어가야 하고, 틀린 문제는 정답을 확인하는 데서 끝내지 말고 같은 실수를 반복하지 않도록 원인을 정리해야 합니다. 그렇게 문제 하나하나를 '정리된 기억'으로 남기는 과정이 곧 기출문제 학습의 핵심입니다.

내신 기출과 수능 기출은 성격이 다르기 때문에 구분해서 접근할 필요가 있습니다. 먼저 내신부터 정리하자면, 교과서와 수업 자료를 충분히, 그리고 철저하게 공부하고, 기출은 반드시 참고용으로만 삼아야 합니다. 내신은 학교별·교사별 특성이 매우 강하게 반영되는 시험입니다.

같은 교사가 여러 해 동안 출제했다면 문제 구성이나 강조하는 개념에서 일정한 경향이 보일 수는 있습니다. 그 범위 역시 교과서와 수업 자료를 벗어나지 않습니다. 실제로 내신에서 반복 출제되는 요소들은 대부분 수업 시간에 강조되었거나, 교과서의 핵심 개념과 직결된 내용입니다. 따라서 기출을 먼저 붙잡고 패턴을 찾기보다 교과서와 수업 자료를 통해 기본을 다지는 것이 점수로 이어질 가능성이 훨씬 높습니다.

일부 학군지 고등학교의 내신 문제는 난도가 매우 높습니다. 수능 1등급이 상당수인 아이들을 대상으로 등급을 내야 하니 어려워지는 게 당연합니다. 어느 정도 수준인지 파악하려는 의도라면 기출은 훌륭한 참고서입니다.

무엇보다 중요한 것은 학생의 현재 수준입니다. 기초 체력이 갖춰지지 않은 상태에서 고강도의 운동을 하면 실력이 늘기보다 부상의 위험이 커지듯, 학습도 마찬가지입니다. 교과서와 수업 자료를 대충 살펴본 뒤 기출문제로 넘어가면, 기대만큼의 성적 향상을 얻기 어렵습니다.

이럴 때는 기출보다 수업 시간에 교사가 강조한 내용을 꼼꼼히 점검하는 편이 더 효과적일 수 있습니다. 맞춤법, 철자, 종결 어미, 문장 부호, 단위 표기처럼 사소해 보이는 요소들이 학교 시험에서는 점수를 가르는 기준이 되기도 합니다. 범위가 분명한 시험인 만큼, 꼼꼼함과 성실함이 가장 큰 힘을 발휘합니다.

그래서 내신은 기출문제를 풀지 않았다고 해서 크게 불리해지는 시험은 아닙니다. 학교 홈페이지나 내신 문제 사이트에 공개된 자료를 참고하는 것은 도움이 되지만, 이를 맹신할 필요는 없습니다. 하나라도 틀리지 않으려고 애쓰는 최상위권이라고 해도 마찬가지입니다. 기출문제를 확인하지 못했다고 해서 실망하거나 불안해할 필요가 전혀 없습니다.

수능에서 기출문제만 풀어도 등급이 나온다고 생각하는 학생들에게 저는 이렇게 말합니다. "기출문제 성적은 온전한 실력이 아닙니다." 이미 수업과 자료를 통해 여러 차례 접한 문제이기에, 지문과 문항이 낯설지 않은 상태에서 푸는 경우가 많기 때문입니다. 수업 시간에 수능 문제를 직접 다루지 않았더라도, 문제를 풀다 보면 자연스럽게 참고하게 됩니다. 처음 보는 문제를 대하는 상황과는 분명히 다릅니다.

따라서 기출 성적을 그대로 자신의 실력으로 믿어서는 안 됩니다. 기출을 통해 시간 관리 연습을 하고 싶다면, 과목에 따라 차이는 있겠지만 평소보다 최소 5분에서 10분 이상 빠르게 풀어낼 수 있어야 실제 시험을 예측할 수 있습니다. 익숙한 문제를 푸는 과정과, 전혀 새로운 문제를 해결하는 과정은 본질적으로 다릅니다.

학습량이 충분치 않은 중·하위권의 경우 기출문제를 이해하고 반복적으로 푸는 것만으로도 어느 정도의 성적 향상이 가능합니다. 중·상위권부터는 기출만으로는 '성적 유지'를 넘어서기 어렵습니다. 왜일까요? 앞에서도 언급했다시피, 시험은 결국 새로운 문제를 풀어내는 과정이기 때문에, 익숙한 문제와 처음 보는 문제 사이에서는 소요 시간에 차이가 날 수밖에 없습니다. 시간이 부족한 과목일수록 기출은 핵심이 아닙니다. 모르는 문제는 형태를 조금 바꿔 다시 풀어도 여전히 막힐 가능성이 큽니다. '아는 것'처럼 보이는 것과 '실제로 아는 것'은 전혀 다른 세상입니다. 기출은 착각을 일으키기 좋습니다. 그래서 수능 준비에서 기출은 참고용 그 이상이 되면 곤란합니다. 현재, 기출만 끼고 있다면 수능 시험에서 더 나은 성적을 받을 기대는 접어야 합니다.

그렇다고 비싼 학원의 문제를 구해서 풀라는 의미는 아닙니다. 대치동의 무슨 학원, 목동의 어느 학원, 메디컬 계열 준비반 문제까지 따로 있는 현실입니다. 시중에 있는 문제를 구하는 것부터 정보 차이가 납니다. 안타깝지만 사실입니다. 다행인 점은 그 문제를 꼭 풀어야 수능 시험장에 들어갈 수 있는 것도 아닐뿐더러, 극소수 학생을 제외하고는 최상위권 문제는 필수가 아니라는 겁니다. 문제집 비용도 한 권당 1만 5,000원에서 2만 원 이상입니다. 과목별로 하면 수능 막바지에는 그 비용도 부담스럽습니다. 부모 입장에서는 이왕이면 더 해주고 싶겠지만, 그걸 지원하지 못했다고 해서 아이의 성적에 문제가 생기는 건 아니라고 말씀드리고 싶습니다.

교과서, 열심히 봐야 합니다. 바뀌는 입시 체계에서 국어는 문학이자 비문학이며 모든 과목의 바탕입니다. 눈으로 아는 것과, 내가 알아서 비교 분석하는 수준은 분명히 다릅니다. 그 단계를 지나가야 다른 과목에서 확장이 편안하게 이뤄집니다. 사회나 과학이 아무리 암기과목이라는 인식이 있어도, 기본적으로 비문학 영역에 약한 학생들이 탐구에서만 강한 경우는 많지 않습니다. 영어도 마찬가지입니다.

수학은 수능과 내신의 결이 상당히 다릅니다. 출제되는 범위가 차이가 그 이유입니다. 수능 입시는 수학으로 결정된다고 말합니다.

의대 입시를 위해서는 중학교에서 수능 수학을 끝내고 고등학교에 입학해야 내신을 준비해야 한다는 말이 노하우처럼 공유되고 있습니다.

수능에서 중요하게 다루는 범위를 고등학교에서 배우는 기간은 생각보다 짧습니다. 그만큼 학생이 충분히 익히고 연습할 시간이 부족해집니다. 초등 단계에서부터 수학에 대한 압박이 시작된 배경에도, 출제 범위와 학습 시기의 불일치가 자리하고 있습니다. 대안을 제시하고 싶지만, 현행 입시에서 수학은 내신과 수능의 길이 같으면서도 다릅니다. 내신 열심히 하면 수능 공부에 도움은 되겠지만 1:1로 비슷한 성적이 나오진 않습니다. 학교마다 수능 준비를 하면서 내신도 할 수 있도록 교과과정을 조절해주는 경우도 있지만, 대다수의 학교는 학생이 혼자서 해내야 합니다. 그래서 주말이나 방학에 학원의 도움을 선택하게 됩니다.

수학은 개념 이해와 충분한 연습 그리고 활용이 무엇보다 중요한 과목입니다. 3점 문항과 4점 문항을 구분해 기출을 전략적으로 공략하는 것도 하나의 방법입니다. 풀 수 있으면 내 것이고, 풀지 못하면 아직 준비가 덜 된 것입니다. 기출을 맹신하기보다, 자신의 수준을 점검하는 도구로 영리하게 활용하는 전략이 필요합니다.

교과서
공부법

　교과서를 읽으라고요? 네, 초등 중등 고등 모두 같습니다. 교과서 학습을 덜 중요하게 여기는 학생들이 많습니다. 보고 또 보고, 읽고 또 읽어야 합니다. 익혀야 하는 개념이 교과서에 담겨 있고, 교과서는 평가의 기준이 됩니다. 대한민국의 교과 과정은 나선형 구조입니다. 12년간 기초부터 심화까지 반복됩니다. 교과서는 기본이며 심화입니다. 체계적으로 담겨 있습니다. 배워야 하는 내용이 정해진 교육에서 정해진 내용을 정확하게 습득하는 것, 학습의 핵심입니다.

내신도 교과서에서 출제되고 수능도 교과서를 버리고는 풀기 어렵습니다. 이렇게 중요하다는 걸 알면서도 교과서를 최우선으로 삼지 못하는 이유는 뭘까요? 본문이나 들여다보고, 문제나 풀뿐, 목차나 길잡이, 응용 및 활용은 신경 쓰지 않는 학생이 많습니다. 무엇을 배우기 위해 익혀야 하는 내용을 모은 것이 교과서입니다. 그러면 그에 담긴 내용은 삽화 하나, 예시 하나 버릴 것이 없습니다. 조사 하나 허투루 넘기면 안 됩니다.

지현이는 2등급인 학생이었습니다. 중학교에서 올A였기에 자신감에 충만해 있었고, 자신의 학습법에 자신이 있었죠. 고등학교 첫 시험에서 3등급에 가까운 2등급을 받고 충격에 빠졌습니다. 그럴 리가 없는데, 교과서 공부도 2회독이나 했고, 관련 자료에 서술형까지 다 챙겼지만, 결과는 달랐습니다. 처음이라 그런가 보다 하고 기말고사에 집중했지요. 하지만 결과는 실망스러웠습니다.

자괴감에 빠져 정시로 돌아서야 하는지 고민하다 저를 찾아왔습니다. 그동안의 이야기를 들으니 무엇을 놓치고 있었는지가 보이더군요. 지현이가 다니는 학교는 학생부종합전형과 교과전형 모두에서 실적을 내는, 내신 관리가 까다로운 고등학교였습니다. 상대평가 체제에서 지현이의 경쟁 상대는, 자신보다 더 많이 교과서를 반복하고 더 꼼꼼히 준비한 친구들이었습니다. 2회독만 해도 중학교에서는 원하는 성적을 충분히 받았는데 이 학교에서는 어림없었던 거죠.

너무 공부량이 많다고 생각하시나요? 이렇게까지 해야 하나 싶으신가요? 네. 해야 합니다. 그렇다면 어떻게 공부해야 할까요? 우리 아이의 생활 습관, 학습 상태를 기준으로 삼으면 됩니다. 교과서 한 번도 안보는 아이라면 한 번 보도록, 한번은 본다면 두 번 보도록 하면 됩니다. 목차도 챙기고 그림도 봅니다. 눈으로 읽기도 하고 길잡이도 눈여겨봅니다. 개념에 대한 이해는 개념 간의 연결로 확인합니다. 설명할 수 있는 단계라면 더할 나위 없이 좋습니다.

교과서 이해가 어려운 단계라면, 모르는 어휘부터 확인하세요. 모르는 단어는 분홍색 형광펜으로 밑줄을 긋고, 모르지만 들어본 적 있는 것 같은 단어는 파란색 형광펜으로 밑줄을 긋습니다. 설명을 확인하고 단어를 찾아봅니다. 단어를 모르는데 문장을 이해하기는 어렵습니다. 수식어와 서술어도 마찬가지로, 모르는 표현이 나오면 사전에서 반드시 뜻을 찾아보세요. 모르는 부분을 알고 넘어가는 것이 공부의 가장 첫 번째 단계입니다.

다음 단계에서는, 대주제·중주제·소주제를 확인하고 내용을 떠올려봅니다. 형광펜으로 밑줄 그어 단어의 뜻을 알아냈다면, 이제 그 단어가 어떤 내용을 전달하려고 했는지 주제에 맞춰서 연결해봅니다. 국어, 한국사, 사회, 과학 과목에 유용한 방법입니다. 내용 파악이 어느 정도 되었다면 자신의 기억을 꺼내며 확인합니다. 칸 채우기와 밑줄 쓰기가 여기에 해당합니다.

마지막으로는 백지 복습입니다. 처음에는 단어를 쓰고, 서술문을 적습니다. 백지에 대·중·소 주제를 적어 보는 과정은 지식이 단기기억에서 장기기억으로 넘어갔는지 알 수 있는 방법입니다. 많은 학습법 전문가들이 백지 복습에 대한 유용성을 강조하는데도, 학생들은 피하려 합니다. 대놓고 싫어합니다. 입력하는 과정보다 훨씬 더 고되기 때문입니다. 학습 연령이 낮을수록 혼자서 이 단계까지 하기를 버겁습니다. 문제를 잘 풀고 있으니 괜찮은 거 아니냐고 넘어가는 학생과 학부모가 많습니다. 고등학교에서 내신을 잘 챙기고 입시 결과를 기대하고 싶으시다면, 미리부터 복습의 단계를 차근차근 몸에 익히도록 해주시기를 바랍니다.

교과서부터
오답 정리까지

문제만 풀면 공부가 끝날까요? 당연히 정답을 확인하고, 과정도 비교해야 합니다. 맞았다면 왜 맞았는지, 찍었는지, 헷갈렸는지, 모르고 틀렸는지, 과정 오류인지, 어휘의 문제인지 원인을 알아야 합니다. 이 과정에서 필요한 작업이 오답정리입니다.

현재의 대학수학능력시험은 정해진 내용을 시간 내에, 정확히, 많이 풀어야 하는 방식입니다. 새로운 내용을 알아야 하거나 자기 생각을 논리적으로 풀어내야 하는 정성평가가 아닙니다. 답이 명확한 문제를 풀어야 합니다. 그래서 아는 문제는 반드시 맞고, 헷갈리는 문제는 '다시' 틀리지 않는 방법이 무엇보다 중요합니다. 비단 수능 시험에만 해당하지 않습니다. '교과서'라는 정해진 기준이 있는 교육 시스템 안에서는, 교과서에 자기 생각을 맞춰서 문제의 오답을 줄여야 하고, 그 결과물이 시험 성적입니다. 이를 위해 가장 좋은 방법이 오답정리입니다.

분명히 말씀드립니다. 다이어리 예쁘게 꾸미기 좋아하는 학생이라면 오답노트 만들지 마세요. 오답노트는 다이어리 꾸미기가 아닙니다. 그렇게 접근하지 않습니다. 오려 붙이고 별표하고 도장 찍는 건 학습과 관련이 없습니다. 그렇게 온 힘을 다해 만든 오답 노트를 다시 안 쳐다보는 거 잘 압니다. 그럴 시간에 한 문제 더 풀어야 합니다.

과목별로 차이는 있지만 오답노트는 마지막까지 손에 쥐고 있기 위함입니다. 기억을 지키기 위한 과정으로 단순하게 정리하는 게 기본입니다. 틀린 문제가 반 이상이면 오답 노트를 정리할 수준이 아닙니다. 같은 문제집을 다시 풀어야 합니다. 최소 80% 이상의의 정답률이어야 오답정리가 의미가 있습니다. 그 아래라면 새로운 문제에 도전하지 말고 '같은' 문제를 반복해서 풀며, 틀리는 문제 개수를 줄이는 것이 우선입니다.

10개 중에 2.5~3개 정도 놓친다면 그때는 오답 정리가 제대로 필요합니다. 수학을 예로 들면 교재나 책이 아니라 연습장에 문제를 풉니다. 답을 맞출 때는 정답 여부만 확인하고 해설을 보지 않습니다. 맞은 문제는 동그라미 표시를 확실히 하고, 틀린 문제는 문제 번호 옆에 표시를 남깁니다. 별표 하나, 엑스(×)표 하나, 혹은 문제 푼 날짜(5/25) 중에 하나를 골라 쓰세요. 그리고 다시 풉니다. 맞으면 맞은 표시를, 틀리면 다시 흔적을 남깁니다. 적어도 세 번은 고민하고 난 다음에 해설지를 봐야 그 문제가 내 것이 됩니다. 해설지를 보지 않는 건 어렵습니다. 보지 못하게 하는 이유는 해설 과정을 사진처럼 눈에 담으면 가까운 시일 내에는 문제를 풀 수 있는 것처럼 느껴지기 때문입니다. 내 것이 아닌데 내 것인 것처럼 착각하게 된다는 겁니다. 고민의 흔적이 머리에 있어야 문제 풀이의 의미가 있습니다.

모든 과목에 오답 정리가 필요하지는 않습니다. 문제풀이와 오답 체크는 효율적이어야 합니다. '문제풀이-오답-분석'에 골고루 힘을 쏟아야 합니다. 분석은 내가 모르는 것이 무엇인지 구분하고 연습하는 과정입니다. 용어, 개념, 공식, 적용, 단순 실수, 계산 실수 등 여러 가지 부분에서 자신이 문제를 놓친 이유를 찾아야 합니다. 단어라면 단어를 외워야 하고, 문장 해석이라면 비슷한 문장구조로 해석을 반복해야 합니다. 시간도 신경을 써야 합니다. 하염없이 세월아 네월아 완성하면 무슨 의미가 있겠습니까? 중고생이 치르는 시험은 시간이 큰 제약입니다. 당연히 정확성과 함께 향상해야 하는 지점입니다.

문제 푸는 양이 그렇게 많은 데 학생의 성적이 오르지 않는다면, 문제를 풀고 답과 맞춰보고 나서는 끝나버리기 때문입니다. 문제를 푸는 것만 에너지를 몰아서 쏟기에 정답을 확인하고 다음의 분석까지 마칠 힘이 없습니다. 안타깝습니다.

시중에 파는 오답 노트는 문제는 위쪽, 답안은 아래쪽에 기재하도록 구성되어 있습니다. 그렇게 하면 시각기억인 눈에 속을 가능성이 높습니다. 문제는 공책을 폈을 때, 오른쪽에 기재합니다. 다음 장을 넘겨서 왼쪽에 답안과 풀이 과정을 적습니다. 몰랐던 부분, 잘못 생각한 근거, 못 봤던 이유, 착각의 원인, 모두 짧게 남겨 놓습니다. 틀린 과정을 줄이려면 어디에서 빈틈이 발생했는지 알아내야 보완할 수 있습니다. 오른쪽 문제를 보고 연습장에 풀고 뒷면을 넘겨 채점합니다. 맞았으면 표시를 남기고 또 틀리면 다시 반복합니다. 같은 문제를 재도전하려면 48시간 정도 후에 풀기를 권합니다. 눈으로 봤던 기억이 가물거리는 상태이기에 2~3일이 지나서 복습을 하는 것이 좋습니다. 외워서 풀게 되면 마치 안다고 착각하게 됩니다. 그때 도전하면서 끙끙거려야 해답지를 넘어 진짜 내 것이 됩니다. 기출도 족집게도 내가 모르면 아무 소용 없습니다.

오답을 정리해 오라는 과제를 선생님들이 종종 냅니다. 본인의 방식과는 방법이 다를지라도 일단, 시간을 현명하게 사용하도록 해야 합니다. 한 번 쓰고 지나가지 않도록 머리에 흔적을 남겨야 합니다. 눈이 아닙니다.

오답 노트는 다시 볼 내용을 모아둔 나만의 전략서입니다. 이야기를 만든다고 생각하면 좋습니다. 탐구 과목이어도 마찬가지입니다. 다시 보고 기억하고 틀리지 않기 위해서 하는 일련의 과정입니다. 최대한 압축적으로 마지막까지 손에 쥐고 있을 소중한 보물처럼 다뤄야 합니다. 그래야 오답 노트를 다시 봅니다. 문제만 많이 푼다고 실력이 늘지 않습니다. 오답정리를 꼭 챙겨주세요!

공부일기·학습일지·스터디플랜 작성법

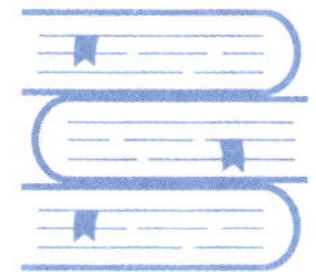

무슨 일을 시작하기에 앞서 '뭐부터 해야 하지?' 할 때가 있습니다. 계획적인 사람이라도 해야 할 일이 한꺼번에 몰리면 마치 버벅거리는 컴퓨터처럼 둔해지곤 합니다. A라는 일을 하다가 B가 떠올라 잠시 멈추고, 그러다 C를 건드리고, 쓰레기를 버리러 나갔다가 약속이 생각나는 경험과 비슷합니다. 아이도 크게 다르지 않습니다. 명확한 계획이 없는 상태에서는 무엇부터 해야 할지 막막해지고, '일단 시작하면 되겠지.' 하는 마음으로 손에 잡히는 것부터 하기도 합니다.

목표 없이 교재를 펼쳤다가 집중하지 못하고 끝내 버린 경험도 있을 겁니다. 이렇게 불확실한 학습 방식은 결국 시간 낭비로 이어집니다. 하지만 체계적인 스터디플랜이 있다면 상황은 달라집니다.

막연히 '열심히 공부해야지'라고 생각하는 것과 '이번 주까지 확률과 통계에서 통계 개념 파트 2회독하고, 쎈수학의 통계적 추정까지 다 풀겠다'라고 정하는 것은 완전히 다릅니다. 스터디플랜을 세우면 학습목표가 구체적으로 정해지고, 어떤 순서로 공부해야 하는지 명확해집니다. 우선순위를 정해서 공부하는 것 역시 학습의 일부분입니다.

구체적인 일정은 뭘 해야 하는지 고민하는 시간을 줄이고 바로 학습에 집중할 수 있습니다. 시간관리를 통해 자신에게 맞는 학습법을 찾는 기회가 됩니다. 포모도로-25분 집중, 5분 휴식-같은 방법, 수능 시간과 동일한 과목을 순서대로 학습하는 등의 자신이 선호하고 잘 되는 방법 알아내는 데 스터디플랜이 필요합니다.

집에 들어오면 신발 가지런하게 벗고, 손 씻고, 가방 정리하는 습관을 세우려 애썼던 아이의 어린 시절을 기억하시지요? 첫날부터 한 번에 아이가 원하는 대로 움직여줬을 리 만무합니다. 반복해서 될 때까지 알려줬을 겁니다. 스터디플랜도 시간과 연습이 필요한 학습의 연장선상입니다.

시중에 있는 스터디플래너를 아이에게 들이밀면 알아서 잘 써줄 거라 기대하셨나요? 공부에 대한 계획이 있다는 건 이미 상당한 수준의 학습을 수행하고 있다는 의미입니다. 자신이 뭘 하고 있으며, 왜 하고 있는지 알아야 계획을 세워서 지킬 수 있습니다. 당연히 처음이라면 뭐부터 기록해야 하는지 잘 모릅니다. 숙제만 하기도 바쁜데 기록하기를 권하면 짜증을 내기 일쑤입니다.

초등

초등 일기장이나 알림장이면 충분합니다. 굳이 스터디플래너를 사봐야 마지막 장까지 사용하지 못하고 분리수거할 가능성이 큽니다. 시작은 3분 안에 마치는 분량이어야 합니다. 계획을 미리 세우지 않고, 오늘 하루 했던 학습을 과목-문제집명-분량 정도를 적으면 됩니다. 일종의 공부일기입니다. 하루를 기록하는 일기와는 달리 공부일기는 가볍게 공부했던 기록을 짧게 남깁니다. 방과후수업, 피아노 학원, 미술 학원, 태권도 학원, 학습지 선생님, 하루 한 장 문제집 등 뭐든 좋습니다. 아이와 함께 기록하든, 아이 혼자 하든 상관없습니다. 아이가 하기 싫어하고 귀찮아하면 옆에서 대신 써주며 보여주세요. 자랑하듯이 말이죠. 우선 시작하세요. 며칠 쓰다가 공부일기를 아이가 3일에 한 번에서 매일 적는 수준이 된다면, 그때는 학습일지로 넘어갑니다.

공부일기와 동일하게 시간 순서로 적습니다. 과목별로 기록해도 되고, 선호하는 방식이 생길 때까지 이런저런 시도를 해보는 기간입니다. 학습일지는 배운 내용을 떠올려보는 부분이 포함됩니다. 비열, 열용량, 이렇게 짧게 적습니다. 습관을 위한 단계이기에 단어로도 충분합니다. 잘 외워지지 않았던 영어 단어를 남겨도 됩니다.

공부일기와 학습일지는 계획 실천을 연습하는 단계입니다. 하루 동안 내가 무엇을 하는지 머리로 떠올려보는 것과 기록하는 것은 차이가 있습니다. 기록하면서 정리가 되고, 무엇을 얼마만큼 했는지 시각적으로 보면서 성취감을 느낄 수 있습니다. 과목이나 문제집마다 작은 보상체계를 정하기도 수월합니다. 영화를 볼 수도 있고, 게임을 30분 더 할 수도 있습니다. 혹은 보상을 모아서 가족끼리 여행을 갈 수도 있습니다. 공부 내용이 아니라 기록 자체에 대한 과정을 인정해주세요. 다이어리 꾸미기처럼 예쁘게 잡지처럼 쓰라는 말이 절대 아닙니다. 단정한 글씨로 자신의 자서전을 하루씩 모은다고 여기면 됩니다.

아이가 스스로 공부의 일부로 학습일지를 쓰고 있다면 이제 학습
계획을 시작할 단계가 되었습니다. 초등보다는 중·고등에 더 적합합
니다. 학습의 유형이 추가 되기에 기록할 부분이 늘어납니다. 육하
원칙을 떠올리시면 됩니다.

누가 | 내가
언제 | 날짜 및 시간
어디서 | 집, 학교, 스카, 학원, 스터디
어떻게 | 혼자공부(혼공), 현장강의(현강), 인터넷강의(인강), 줌수업(줌), 과외,
과제
무엇을 | 과목, 교재, 분량
왜 | 개념 익히기(Concept), 이해하기(Understand), 문제풀이(Practice), 암기하기
(Recall), 약점보완(Overcome)

'언제'와 '무엇'은 대다수 스터디플래너의 구성목록입니다. 거기에
'어디서'와 '왜'도 스터디플랜을 세우는 데 필요한 정보입니다. 혼자
공부했는지, 인터넷강의를 들었는지, 혹은 학원에 가서 강의를 들었
는지 과외 수업이었는지 구분이 필요합니다. 수업을 한 번 듣고 이
해해서 문제를 다 풀 수 있다면 더할 나위 없이 바람직하지만, 현실

은 그렇지 않습니다. 강의를 듣고 개념을 익혔다고 해서 그 단원을 제대로 공부했는지 확인하기 어렵습니다. 개념을 익혔는지, 문제를 풀었는지 구분해야 나중에 해당 범위를 다시 들여다볼 때 점검이 바로 가능합니다.

왜 공부하는지 스스로 구분해 두면, 실제로 많은 단원을 동시에 다뤄야 하는 시험 기간에 무엇을 보완해야 하는지 구체적으로 파악하기가 훨씬 수월해집니다.

학습의 기본 단계를 다섯 가지로 정리해보면 다음과 같습니다. 개념 익히기(Concept), 이해하기(Understand), 문제 풀이(Practice), 외우기(Recall), 약점 보완(Overcome)입니다. 이 다섯 단계를 앞 글자만 따서 'CUPRO'라고 부릅니다. 이는 제가 아이들과 사용하는 개념입니다. 강의만으로 공부 다했다, 문제만 풀고 공부 마쳤다고 생각하는 아이들에게 게임 속 지도처럼 보여주기 위해서 만들었습니다. 게임을 할 때 전투가 어느 위치에서 일어나고, 공격력과 수비력, 전력 현황을 확인하는 것처럼 공부도 이렇게 하자고 했죠. 챙겨야 하는 과목이나 풀어야 하는 문제집이 많기 때문에 기록은 스케줄이자 자기 확신의 증거가 됩니다. 자기주도 학습을 연습하는 아이들에게 잘 맞는 방법입니다. 일반적으로 문제를 풀고 채점하는 건 P, 오답

정리는 O에 해당합니다. 주로 '풀채오'라고 아이들은 기재합니다. 그렇게 해도 머리에 잘 들어오지 않아 외워야 하는 부분이 있다면 R 입니다. 영단어나 숙어, 한자, 용어 암기는 대부분 R입니다.

공부했다고 한 줄 쓰고 그 옆에 알파벳 하나 추가하면 됩니다. 학습의 위치가 어디인지 표시해주는 길잡이며, 자기주도학습의 기본입니다. 내가 무엇을 하는지 알고 그게 학습의 어느 단계인지 알아야 다음을 준비할 수 있습니다.

8:30~9:00 국어-EBS 나비효과, 2-10 종결/높임 표현, 인강, CP

(8시 30분부터 9시까지 EBS 국어 나비효과의 2-10단원의 종결/높임 표현 부분을 인터넷강의로 들었으며, 문제도 풀고 채점까지 했습니다.)

9:10~10:20 수학-쎈, 3-7, 8 이차부등식, 현강, CP

(9시 10분부터 10시 20분까지 쎈수학1 3-7 일차부등식과 3-8 이차부등식을 학원강의로 들었고 문제를 풀었습니다.)

10:20~11:00 수학-쎈, 3-7, 8 이차부등식, 과제, UPO

(10시 20분부터 11시까지 동일한 범위를 과제로 풀면서 이해하고 다시 문제 풀면서 복습했습니다.)

무엇에 해당하는 과목, 교재, 분량도 '왜'와 '어떻게'가 있어야 더욱 빛을 발합니다. 수업에서 들었는데도 문제를 자꾸 틀리거나 잘 모르겠다면 당연히 원인을 찾아야 합니다. 그저 수업을 들었는데 모르겠다면 규명하는데 시간이 불필요하게 투입됩니다.

과목명	교재명	단원명	Concept	Understand	Practice	Recall	Overcome
		1-01	V		V		
		1-02	V		V	V	
		1-03	V		V		
		...					
		1-15	V	V			V
국어	나비효과	2-01	V	V			
		2-02	V				
		...					
		2-10	V	V			
		...					
		2-15	V		V		

개념이해(C)는 인강을 들었기에 C에 표시하고 문제풀이가 완료되면 P가 됩니다. 잘 모르겠는 부분이 생기면 U에 표시하고 다시 들어봅니다. 이해하고 다시 복습하는 과정은 O에 표기합니다. 모든 문제집을 들춰보지 않아도 이렇게 정리되어 있다면 어떨까요? 취약 부분 찾는 데 어려움이 없을 겁니다. 단원 옆에 난이도를 표시하는 학생도 있습니다.

해당 교재는 개념에 대한 부분이므로 문제만 있는 교재와는 차이가 있습니다. 문제은행식이라면 C가 없고 문제풀이 P만 있겠지요. 문제 풀고 다시 보고 점검하는 PRO만 표시됩니다.

　자신이 한 공부가 학습단계 CUPRO 중 어디였는지 알파벳 글자만 남겨도 약한 부분을 금방 찾을 수 있습니다. 데이터가 아무리 많아도 활용하지 못하면 의미가 없습니다. 구슬도 꿰어야 보물이라는 옛말은 진리입니다. 문제집도 워낙 많아서 보관하기에 버겁습니다. 기록을 남기면 넘치는 문제집도 걱정 없이 치울 수 있다는 부가적인 장점이 있습니다. 알파벳 5개로 학습을 체계화해보시는 건 어떨까요?

여기서부터 시작, 출발선 정하기

대학입시를 떠올리면 어떻게 공부해야 하는지, 아이에게 맞는 전략을 세워야 한다는데 그게 무엇인지 손에 잡히지 않습니다. 현재 상태를 구체적으로 알아야 한다고 앞에서 여러 번 강조했기에 일단은 알겠는데 다음 단계는 막막합니다. 바로 생활 습관입니다. 어떤 시험이든 반드시 짚고 넘어가야 할 것들이 있습니다.

생활 습관

정해진 시간에 혼자 일어나나요? 이불정리는 하나요? 스마트기기 만지다가 늦게 잠드나요? 밥은 잘 먹나요? 자기가 먹은 그릇 정리도 하나요? 설거지도 하나요? 화장한다고 아침 시간 빈 속으로 등교하나요? 옷장 정리도 하나요? 빨래는 어떻게 하나요? 책상 정리는 어떤가요? 현관에 들어오며 신발을 단정하게 벗어두나요? 가족을 챙기는 모습도 보이나요? 어른을 보면 인사하나요? 자기 물건을 잘 챙기고 1인으로의 역할을 수행하고 있는지 살펴보세요. 해주는 거 받아 먹기만 하는 아이라면 학습에서도 그 영향이 있습니다. 초등학생 때 하지 않으면 중학생이 되어서도 떠먹여 줘야 합니다. 그때가 되면 몸도 마음도 커버린 아이를 생활습관까지 챙기기 참 어렵습니다. 중학생이 되기 전에 미리 하나씩 심어줘야 합니다. 사춘기를 겪는 아이들에게 방 치우라는 말은 기름을 붓는 대사이기도 하죠. 그때는 먼 산 바라보며 호흡하시고 손님 대하듯이 대해주세요. 친구만 찾던 시기를 지나 안정화가 되면 입시와 공부라는 명목으로 마땅히 해야 할 일을 유예해주지 마세요. 대신 해주지 마세요. 공부 이외에도 아이가 해야 할 일이 있다면 꾸준히 하도록 지도해주세요. 공부에서 넘어져도 다른 역할이 있으면 쉽게 무너지지 않습니다. 하던 것도 안 하는 시기지만 지켜야 하는 일상이 있다는 건 중요합니다. 시키지만 시키지 않는 밀당의 세계는 학습보다 생활에서 활용하시면 어떨까요?

수면

수면량은 절대적입니다. 최소 8시간이어야 합니다. 삼당사락은 어림없습니다. 하루 이틀 공부하고 말 거라면 가능성이 있을 수도 있지만 입시는 시간이 길게 투입되는 장기전입니다. 컨디션 관리는 하나의 한 과목입니다.

초등학생 적정 수면량은 9시간에서 11시간 정도입니다. 한국청소년정책연구원의 '아동청소년인권실태조사(2017)'에 따르면 실제 수면 시간은 권장 수면량 9~11시간에 훨씬 못 미칩니다. 국내 초등학교 4~6학년 학생들의 평균 수면 시간은 8.7시간으로 권장 시간보다 부족합니다. 모두가 아는 학원 및 가정학습이 50%에 달하는 이유입니다. 게임 및 미디어 시청이 20%를 차지합니다.

중학생도 권장치인 8시간에 미치지 못하는 학생이 절반을 넘습니다. 키 성장 방해는 물론이고, 집중력 저하, 학업 성취도 감소, 우울감 증가에 영향을 미칩니다. 비만 호르몬을 자극해서 건강에 문제가 생기기도 합니다.

수면의 양과 수면의 질은 중요합니다. 일단 수면 시간은 무조건 확보해야 합니다. 뇌 측두엽 깊은 곳에 있는 해마의 부피가 수면 시간에 영향을 받는다는 연구 결과가 있습니다. 해마는 일종의 문지기 역할을 합니다. 기억을 단기 기억과 장기 기억으로 보낼지 판단합니다. 이렇게 장기 기억으로 넘어가 보존을 선택한 정보를 기억하는 것 역시 해마의 역할 중 하나입니다. 뇌의 신경 가소성에 대한 예시를 들면 뇌에 있는 신경세포는 탄생 후 늘어나지 않지만, 해마는 늘어나기도 합니다.

꾸준한 자극과 적절한 수면이 중요한 이유입니다. 요즘 학생들의 카페인 음료 사랑은 학원가에 가면 보입니다. 손에 든 커다란 테이크아웃잔의 커피는 귀에 꽂은 무선이어폰만큼이나 흔합니다. 시험 기간에 잠을 쫓는다며 이온 음료와 카페인을 섞어서 먹다가 힘들어하는 아이들도 있습니다. 어쩔 수 없이 마셔야 한다면 오전에만 먹기를 권하지만 그 조차 멀리하기를 바랍니다. 전혀 상관없다고 얘기하는 학생들도 가끔 있습니다. 일반적인 상황에서는 그럴 수도 있지만, 강도 높은 스트레스와 압박에 노출되면 어떤 모습으로 자신에게 나타날지 아무도 모릅니다. 굳이 보장되지 않는 상황에 본인을 시험할 필요는 없으니 카페인 음료 섭취를 적당한 수준에서 유지하라고 말해주고 싶습니다.

학원이 늦게 끝나고 배가 고프니 밤에 먹고 싶은 마음은 매우 이해합니다. 야식은 필수라는 학생들의 표정을 보면 가벼운 행복조차 말려야 하나 싶어 안타까운 마음이 듭니다. 그럼에도 밤에 뭐든 과하게 먹거나 고열량 음식을 멀리하라고 당부합니다. 다음 날 아침에 상큼한 컨디션으로 집중할 수 있는 머리를 유지하는데 저녁 식사가 끝난 후에 먹는 음식은 전혀 이득이 없습니다. 대한민국의 학교 시험은 대다수가 오전에 치러집니다. 수능도 마찬가지입니다. 당연히 오전에 머리가 깨어 있어야 합니다. 습관은 하루아침에 바뀌지 않습니다. 가능하면 기숙사처럼 생활하기를 바랍니다.

운동

하루 24시간 중의 몇 시간이나 몸을 움직여 에너지를 소진하는지 궁금합니다. 운동의 중요성은 수많은 논문에서 이미 밝혀졌습니다. 스트레스 감소 호르몬의 분비는 학습에 긍정적인 영향을 미치고, 체력 증진의 효과도 볼 수 있습니다. 회복탄력성, 자존감 행복감 증진에 도움을 줍니다. 체력이 있어야 뭐라도 할 수 있습니다. 의지로 목표를 이뤄내겠다는 결심은 좋지만, 건강이 뒷받침되어야 가능한 일입니다. 아침에 스트레칭이라도 하세요. 아침에 유튜브 영상이라도 따라서 몸을 움직이면 머리를 깨우는 데 도움이 됩니다.

시간 구간	주요 호르몬	기대 효과
시작 ~ 10분	도파민	집중력 향상, 성취감 증가
10 ~ 20분	세로토닌	감정 조절, 안정감 증가
20 ~ 30분	성장호르몬(HGH)	신체 성장 촉진, 근육 발달
30분 이상	BDNF (뇌유래신경영양인자)	뇌세포 생성 촉진, 기억력 및 학습 능력 향상
40분 이상	엔돌핀	스트레스 감소, 긍정적 정서 증가

목표설정법, 실패 후 다시 도전하는 법, 자신감 키우기, 팀워크, 타인 존중, 감정관리, 갈등관리, 결정 관리. 운동이 운동만을 위한다고 여기는 시대는 지났습니다. 수많은 연구 결과에서 밝혀진 대로 뇌의 활동, 신체 활동은 지적 능력과 관련이 있습니다. 그리고 뇌는 신체 운동에서 가장 많은 기능적인 향상을 얻습니다. 이런 효과를 학습에서 얻고 싶다면 최소 1년 이상 규칙적인 운동을 해야 합니다. 농구 대회에서 우승해야 하거나 태권도 대회에서 높은 성적을 거둬야 한다는 의미가 아닙니다. 심박수를 올리는 모든 체육 활동을 의미합니다. 몸을 움직이고 심박이 올라가는 자체에 의미가 있습니다.

스트레스를 푸는 본인만의 방법이 필요합니다. 스트레스를 다룰 줄 아시나요? 속이 상하고 화나고 답답할 때 어떻게 해결하시나요?

스트레스는 자신이 스트레스 상황에 놓였음을 알아채는 게 중요합니다. 인지하는 것 자체가 자신을 객관화해서 바라볼 수 있음을 의미합니다. 스트레스의 원인을 해결할 수 있는지 없는지 마주하는 것 역시 아이들은 연습입니다. 자신의 감정을 피하지 않고 바라보는 것만으로도 스트레스는 감소합니다. 해결할 수 있거나 변화가 가능한 부분을 손보는 것도 필요하지만 일단은 스트레스 상황에 자주 놓이지 않도록 운동과 호흡을 연습하면 좋습니다.

장기전입니다. 내신이든 수능이든 고등학교 3년의 세월을 담아냅니다. 공부하는 동안 기쁘기만 한 순간은 아닐 겁니다. 좋기도 속상하기도 어렵기도 난감하기도 한 시간이 얽히고 압축되어 성적으로 담깁니다. 마음대로 되는 순간보다 그렇지 않은 시간을 훨씬 많이 견뎌야 합니다. 그때는 마음의 위안을 얻는 나만의 방법이 필요합니다. SNS는 절대로 해당하지 않습니다. 뇌에서 휴식으로 받아들이지 않기에 학습에서는 피해야 합니다. 만화책을 봐도 되고, 낙서를 해도 좋습니다. 수다를 친구와 떨어도 되고 예쁜 디저트를 먹어도 됩니다. 코인 노래방에서 가창력을 뽐내도 괜찮겠죠. 잠을 자는 것도 좋은 방법입니다. 자신만의 방법을 꼭 찾기를 바랍니다.

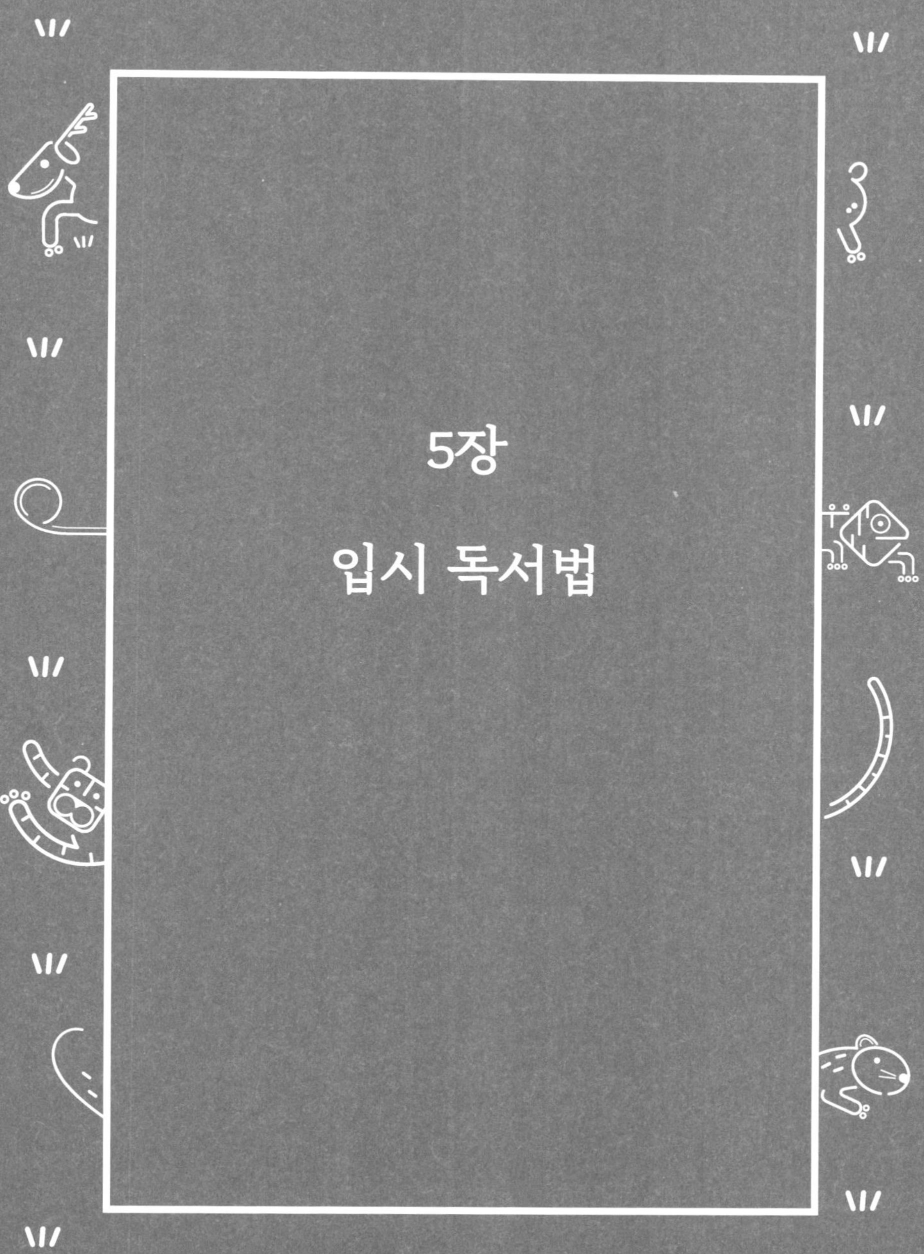

5장

입시 독서법

책,
좋아해야만 하나요?

아이가 책을 읽어야 하는데 잘 안 본다느니, 읽어줘야만 본다고 말하는 부모가 많습니다. 책을 읽히고 싶은데 뭘 추천해줘야 하는지, 지금 읽는 수준은 맞는지 등 정말 많은 질문을 쏟아냅니다. 문해력 문제가 화제가 되기도 하고, 수능을 대비하기 위해서는 책을 많이 읽어야 한다는 말도 합니다. 부모님들이 아이에게 책 '읽히는' 것에 대한 의무감이 굉장히 크다는 게 느껴집니다.

책은 그냥 책이면 좋겠습니다. 그래야 합니다. 책이 짐이 되는 순간, 책을 읽는 행위 또한 짐이 됩니다. 부담이고 하기 싫어진 이상, 독서는 더는 즐거움이 아닙니다. 과제에서 한 걸음도 나갈 수 없습니다. 책을 통해 얻는 지식, 감성, 위로 그 무엇도 얻지 못합니다.

책이 싫을 수도 있지요. 사람의 뇌는 책을 읽어 내는 데 최적화되어 있지 않으니까요. 독서를 선호한다면 시간이 걸려서 신경망이 그렇게 연결된 결과물에 가깝다고 합니다. 그래서 분야를 불문하고 책이 친해지려면 시간이 소요됩니다. 어른도 아이도 마찬가지죠. 자라는 아이의 뇌야 신경 가소성 덕분에 독서의 즐거움에 빠르게 적응할 가능성이 훨씬 높습니다. 작심삼일이 일상인 어른도 동일한 기회가 있습니다.

꼭 책을 좋아하지 않아도 됩니다. 사랑에 빠져야만 책을 읽고 궁극적으로 부모가 바라는 공부도 잘하게 되는 단계에 이르는 건 아닙니다. 물론 좋아하면 기회가 주변에 자주 나타날 수는 있겠지요. 책이 아니어도 관심거리는 있습니다. 야구도, 나무도, 곤충도 게임도 뭐라도 있습니다. 그런 아이들에게 굳이 필독서라는 이름으로 유명한 책을 들이밀었는데 안 본다고 해서 실망하지 마세요. 다른 방법이어야 합니다.

아들 엄마들의 단골 하소연이 있습니다. ‘공룡만 봐요’, ‘차만 봐요’

등 선입견 속 아들의 관심사에만 반응한다고 속상해합니다. 절호의
기회입니다. 공룡만 주야장천 백과사전 급으로 빌드업하면 됩니다.
처음에는 트리케라톱스에서 시작하겠지만 나중에는 긴 공룡 이름부
터 공룡이 살았던 시대, 용어, 관련 지식도 같이 알게 됩니다. 티라노
사우루스와 바리오닉스가 싸우면 누가 이길지 묻던 아이도, 어느 순
간 육식 공룡과 초식 공룡을 구분하게 됩니다. 왜 어떤 공룡이 더 힘
이 센지, 왜 무리를 지어 다니는지에 대한 질문으로 관심이 확장됩
니다. 이렇게 흥미에서 출발한 호기심은 자연스럽게 지식으로 이어
집니다. 그 과정에서 아이는 한글을 배우고, 파닉스를 익히기도 합
니다. 좋아하는 주제를 통해 스스로 알고 싶어 하는 힘이 생길 때, 학
습은 훨씬 자연스럽게 자리 잡습니다.

책은 읽을 수 있으면 됩니다. 필요한 정보가 책에 있을 때 해석하
고 이해하고 사용할 수 있으면 충분합니다. 어릴 때 책을 좋아하게
해야만 부모의 역할에 성공한 것일까요? 아이가 자신의 취미를 찾아
가는 길에 책을 활용할 수 있다면 그 자체로 박수받을 일입니다. 아
이가 뜬금없이 세계사가 궁금해졌다며 유튜브 대신에 책을 펼쳤다
면, 환호성을 지르세요. 아이가 책과 가까워지도록 만들어야만 엄마
역할에 성공했다고 여기지 말자고요.

‘필독서’
집착

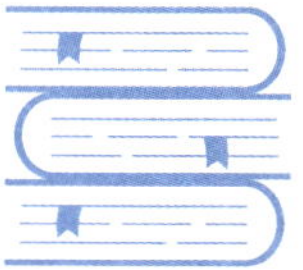

　‘필수’라고 하니 마치 국민 아이템처럼 여겨지는 걸까요. 그 책만이라도 읽어주길 바라는 마음일까요. 자녀의 앞날에 도움이 되길 바라는 마음에서 권하는 것임은 충분히 이해합니다. 다만 ‘필독서’가넘쳐나는 입시 환경 속에서는, 그 순수한 의도마저 부담으로 비쳐질때가 있습니다. 초등학생 필독서, 중학생 필독서, 고등학생 필독서,서울대 필독서, 인문사회 추천 100, 사회과학 필수 100권 등 검색창에 누르기만 해도 주르륵입니다. 유명인의 추천이 들어간 책, 각종 면접에서 언급되었던 책, 입학 전에 꼭 읽어야 하는 책까지 이렇게 책을 좋아하는 나라였나 싶습니다.

도서관 사서분들께 여쭤보면 필독서는 엄마가 좋아하고 애들은 싫어하는 책이라고 웃으며 말씀하십니다. 더 재밌고 유행인 책이 많은데 굳이 지루하고 한참 읽어야 하는 필독서가 인기 있을 리 만무합니다. 그래서 논술학원, 독서학원에 보내서 강제성을 띠고 읽히게 하는 경우가 점점 느는 건가 싶습니다. 지역 단위에서만 유명세가 있었던 학원이 전국 단위로 확장되는 속도가 상당합니다. 문해력이 문제라고 하니 논술학원에 가면 좀 나을까 싶어서 하는 부모의 마음은 너무도 이해되지만 그렇게라도 쥐여줘서 읽으면 다행입니다. 뭐라도 남아야 하는데 암기과목 시험 보고 난 다음날처럼 머릿속은 깨끗하다는 게 현실이죠.

책에 대해서는 꼬심의 미학이 필요합니다. 제가 좋아야 타인에게도 권할 자신이 생깁니다. 부모도 책이 별로라면 무슨 이유를 들어 아이를 설득할 수 있을까요? 공교육 기간 12년 중에 잠깐은 부모 무서워서, 혹은 학교에서 시켜서 책을 들여다보겠지만, 그랬을 때 그 아이의 인생에 책이 무슨 영향력이 있겠느냔 말입니다.

책에 대해 질문을 받으면 언제나 이렇게 답합니다. 자기가 좋아하는 관심사부터 시작해야 하고, 비슷한 수준을 차고 넘치게 읽은 다음에 아주 약간 어려운 단계로 넘어가야 한다고 설명합니다. 영유아도, 중학생도 동일합니다. 어휘가 받쳐준다면 춘향전도 원문에 가까운 고전으로 읽을 수 있겠지만, 그 정도의 역량까지는 바라지도 않습니다.

공주 좋아하는 아이라면 공주에 관한 책을 도서관에서 빌리고, 거기서 패션, 음식, 건축으로 확장이 가능합니다. 패션도 다양합니다. 물론 한 권만 무한반복하는 아이도 있지요. 읽어주다 외워버린 책이 있다면 아이는 반복을 두려워하지 않는 기특한 역량의 소유자입니다. 공주가 등장하는, 혹은 예쁜 삽화가 있는 공주풍의 책을 비슷하게 계속 들이밀어도 됩니다. 그런 책이라도 꾸준하게 본다면 기뻐하세요. 그 책만 평생 보는 거 아니니까요. 신데렐라만 보다가 학교 시험 망칠 것 같은가요? 그럴 리 없습니다. 사방으로 분명히 확장됩니다. 그 속도가 우리가 원하는 시간과 차이가 날 뿐입니다. 학교 진도와 다를 뿐입니다. 옆집 애는, 우리 애 친구는 무슨 책 읽는다는데 우리 애는 아직도 유아책 보고 있어서 걱정이라는 말 수도 없이 들었습니다. 급한 건 아이가 아닙니다. 아직 땅을 다지고 있는 아이의 머릿속에 왜 건물이 안 올라가냐고 종종대는 양상입니다. 지

반 공사가 가장 오래 걸린다지요. 철근 보이고 나면 금방입니다. 그렇게 다지는 시기가 아이마다 동일하지 않다는 걸 받아들여야 합니다. 어떤 아이는 한강 작가 소설을 읽는다는데, 우리 아이는 아직도 청소년 소설만 읽는다고 불안해하지 마세요. 노벨상 수상 작가의 문학 작품을 읽었다고 해도 대개 줄거리만 대충 감각적으로 기억할 뿐입니다. 지식을 쌓기 위한 책은 교과서로 충분합니다. 그 단계를 넘어선 아이라면 어떤 책을 읽어도 되지만, 그렇지 않아도 책을 싫어하고 멀리하는 아이라면 재미라도 책에서 찾도록 해주세요. 별거 안 해도 됩니다. 부모가 책을 보고 재밌어하면 됩니다. 깔깔 웃고, 책 얘기하면 됩니다. 꼬시는 건 어릴수록 쉽습니다. 눈치 빠한 아이라면 책 읽게 하려는 부모의 전략에 불과한 건지, 부모가 정말 독서를 즐기는 건지 금방 눈치챕니다. 그러니 진짜여야 합니다.

아끼는 책이 있으신가요? 그 책의 한 구절 읊조릴 수 있으세요? 아이는 그 모습을 보고 자랍니다. 사느라 바빠서 책 한 장 들여다보기 어려울지라도 제목이라도, 자꾸 보고 읽고 싶어 하는 자세는 표현할 수 있습니다. 그거부터가 독서입니다. 그래야 아이에게도 책이 친구가 되어줄 것입니다. 필독서에 매달리지 마세요. 내가 좋아하는 한 권부터가 시작입니다. 아무 책이라도 보다 보면 늡니다. 남이 정해

놓은 길을 따라가는 건 안목이라고 하지 않습니다. 드라마, 영화, 쇼

츠 볼 시간에 아이 앞에서, 아이 기다리면서 책 한 장 넘겨주세요.

책 읽기와 성적 사이,
그 애매한 거리

　책을 그렇게 읽혔는데 국어 성적이 안 나온다는 하소연이 정말 많습니다. 책을 읽히려는 엄마의 노력은 치열합니다. 전집은 유행하는 순서대로 구하고, 비싼 책은 중고거래를 통해 마련합니다. 도서관에 가면 가족 수별로 최대한으로 빌려서 카트에 싣고 낑낑거리며 집에 갑니다. 그중에서 몇 권이라도 볼까 싶어서 책상에 올려둡니다. 애가 하나면 그나마 나은데, 둘이나 셋이면 각각 취향에 맞춰 책을 골라야 합니다. 그렇게 애를 썼음에도 불구하고 왜 국어 성적은 이런지 모르겠다며 한숨을 쉬십니다. 말을 물가에 데려갈 수는 있지만 물을 마시게는 하지 못한다는 말이 있지요. 독서는 자유의지의 영역입니다.

책을 좋아하고 많이 읽으면 공부를 잘할 가능성이 높은 건 사실입니다. 그러나 절대적이지 않습니다. 뭘 하지 않아도 성적이 나오는 아이들에게는 기본적으로 갖춰진 역량이 있습니다. 주변 환경, 유전, 관심사, 태도 등 공부나 독서에 대해 스스로 생각하는 바도 있습니다. 적어도 시켜서만 하는 책 읽기는 아니란 뜻입니다.

제가 입시 이후까지 상담하는 부모에게 꼭 추천하는 책이 있습니다. 바로 성경입니다. 국어 성적 얘기하다가 무슨 종교냐고 하지 마시고 잠시만 들어주세요. 성경에는 동명이인을 제외해도 1,000명 이상의 인물이 등장합니다. 그 안에서 얽히고설키는 관계는 복잡하기가 이루 말할 수 없습니다. 시간의 흐름도 스쳐 지나가면 이해하기 어려운 부분도 수두룩합니다. 일반 성인도 구약이든 신약이든 처음부터 끝까지 읽은 분이 많지 않습니다. 몇십 명만 등장해도 머리가 아프다며 단순화되는 듯한 소설인데 성경이라니 벽돌 책만큼 마음의 부담이 되는 것도 어느 정도 동의합니다.

성경을 예로 드는 이유는 명확합니다. 등장인물과 서사를 소화

할 수 있다면 교과서에 등장하는 이야기는 수월하게 소화하고도 남기 때문입니다. 그러면 무턱대고 성경을 읽기 시작하면 될까요? 그럴 리가 없습니다. 읽다 보면 시대에 대한 이해도, 배경지식도 필요합니다. 다른 책도 마찬가지입니다. 그렇게 깊이 있는 책을 만날 때까지 아이의 독서가 이어졌는지 먼저 확인하세요. 부모가 깊이 있는 독서하는 모습을 아이 앞에서 보인 적이 있는지 한 번 떠올려보세요. 어려운 책은 보고 또 보는 겁니다. 콩나물시루에 물을 주는 게 밑 빠진 독에 물 붓는 듯이 보이지만 언젠가 보면 콩나물이 자라 있는 것처럼 말이죠. 이번에 읽어서 이해가 안 되면 다음에 또 하면 됩니다. 이 과정을 사교육으로 해결하려고 한다면, 국어뿐만 아니라 다른 과목의 학습 태도에도 영향을 미칩니다.

영유아, 초등 학부모는 어떤 마음으로 책을 읽어주는지 궁금합니다. 나중에 1등급으로 돌려받기 위해 기초 작업을 하고 있지는 않으십니까? 물론 아이를 아끼는 마음에서 그러시는 걸 잘 알고 있습니다. 조금 더 멀리, 넓게 보고 깊이 있는 접근도 생각해보길 권합니다.

독서 교육,
'엄마 노동'의 소모전

먹이고 입히고 재우면 되는 줄 알았던 육아는 각종 교구가 등장하면서 다른 양상을 띱니다. 학습인 듯, 학습 아닌, 학습 같은 놀잇감이어야 장난감을 사면서도 위안이 됩니다. 돈을 지불하는 순간에는 부모 노릇을 제대로 하고 있다는 기분이 듭니다. 장난감에서 학습 교구, 책으로 이어지면서 각종 맘카페나 SNS에서 추천하는 리스트를 들여다보면 한숨이 절로 나옵니다. 이걸 다 사줄 수도 없고, 산다고 해도 다 활용하지도 못할 것이며, 아이 혼자 읽지도 못할 테니 읽어주어야 합니다. 그마저 아이에게 취향이 생기기 전에나 가능한 일입니다. 아이에게 의사를 물어본들 딱히 도움은 되지 않습니다.

부모는 어디까지 잘해야 하는 걸까요? 아이 건강도 챙기고, 아이 음식도 잘해야 하고, 이제 성적까지 만들어줘야만 육각형 부모가 되는 걸까요? 아이가 읽을 책을 고르고, 읽은 책을 기록하고, 독서 관련 학원에 다니는 경우에는 녹음 파일도 제출해야 합니다. 노동 강도가 너무 셉니다. 책을 좋아하는 저조차도 허덕입니다. 제 취향은 저만의 것이지만, 저의 시선으로 고른 책을 계속 아이에게 들이밀어도 되는지도 신경이 쓰입니다.

다른 집은 좀 어떤가 싶어, 아이 잘 챙기는 엄마한테 추천을 받아서 사면 우리 집에서는 꽝입니다. 중고거래 앱에서 신경 써서 골라줬는데 읽는지 도통 모르겠기에, 큰맘 먹고 서점에서 아이 보고 직접 고르라고 하면 학습을 빙자한 만화책을 한가득 들고 옵니다. 누구는 학습만화는 안 된다, 된다 의견이 분분한데 이거라도 읽혀야 하는지 도통 확신이 들지 않습니다. 각종 유튜브를 봐도 우리 애는 어째야 하는지 고민스럽습니다.

확실한 건 부모는 부모의 책을 읽고, 아이는 아이의 책을 읽으면 됩니다. 꼭 그래야 합니다. 아이가 영유아 시기라면 부모가 책을 제대로 읽을 시간을 내기가 버겁겠지만 책을 가까이하는 시늉이라도 해야 합니다. 잠도 못 자는데 무슨 책이냐고요? 책 옆에 쌓아두고 베고 자기라도 해야 합니다. 아이 책을 무한반복해서 읽어줄 때, 엄마 책을 한 문장이라도, 제목이라도 소리 내어 읽는 연습을 아이 눈앞에서 허야 합니다. 그래야 아이 입장에서 자기가 자랐을 때의 모습이 그려집니다. 당장 따라하지는 않더라도, "아빠는 아빠 책 읽어. 나는 내 책 읽을게."라는 말 듣게 되실 겁니다.

각자 읽기 위해서 필요한 건 각자의 책입니다. 부모는 적당히 고르시면 됩니다. 손에서 책 좋으니 오래되셨다면 청소년 도서도 재밌는 거 많습니다. 이 기회에 회사에서 강제로 읽으라던 책 한 번 보시는 건 어떻습니까? 이도 저도 모르겠으면 베스트셀러 한 권 집으세요. 뭐라도 들고 있으세요.

도서관에서 책을 빌릴 때는 비율을 정해 두는 방식이 도움이 됩니다. 부모가 권하고 싶은 책과 아이가 고른 책의 비율을 미리 합의하는 것입니다. 처음부터 부모의 비율을 낮게 잡으면 협상이 훨씬 수월해집니다. 예를 들어 5:5, 3:7, 2:8처럼 정해 두는 것입니다. 아이가 선택권을 더 많이 갖는 구조일수록 갈등이 줄어듭니다. 아이가 고르기 어려워하면 관심사를 기준으로 선정하고 거기에 부모가 원하는 책을 쓱 넣습니다. 절대적인 비율이 아닙니다. 무리수만 두지 마세요. 저의 경우, 아이가 한참 마법과 관련된 소설을 볼 때는 1:1로 빌리게 했습니다. 아이가 원하는 소설책 한 권, 엄마 추천 한국사 한 권. 당연히 집중해서 보는 책은 자기가 골랐겠지만, 한국사 역시 여러 권 중에 자기가 골랐기에 어쨌든 들여다봅니다. 만화의 영역이면 1:2로 늘렸습니다. 주로 인물이 많이 등장하는 책이나 긴 글이 있는 책을 고르도록 했습니다.

저도 책 육아를 하면서 앞으로 가도 계속 벽인 것 같은 시기가 있었습니다. 누구 좋자고 하는 건지, 책을 들이고 책장에 넣고, 되파는 모든 행위가 부담스럽고 버거웠습니다. 어린이책인데 왜 이렇게 무거운지, 책등이 잘 보이게 하려고 얇은 책에 두꺼운 표지를 쓰니 무겁기도 하고, 아이들에게 위험할 것 같아서 괜히 책에게 화풀이를 했습니다. 읽었다는 애한테 시비조로 괜히 내용 물어보고, 이렇게 안 볼 거면 다 치울 거라고 협박하고, 감정적으로 행동했던 순간이 저에게도 있었습니다.

심심해야 책 읽는다고 TV, 스마트기기, 게임기, 장난감까지 안 보이게 치웠던 시간은 무용지물이었나 곱씹던 시기도 있었습니다. 그래도 이 꽉 깨물고, 책을 함께 보려고 애썼던 시간은 참 소중했습니다. 지나고 보니 심심해야 책에 손이 가는 게 맞았습니다. 앞구르기

옆구르기보다 책이 더 재밌어야 책에 손을 내밉니다. 바로 도파민을
끌어올리는 쇼츠와 게임이 가득한 스마트폰이 눈에 보이면 당연히
책 안 봅니다. 부모가 이왕이면 책을 펼치려 하고, 스마트폰을 멀리
하려 애쓰세요. 그 모습을 아이도 보고 있으니 말입니다.

문해력 공포와
비교의 늪

문해력이 뭘까요? 국어사전에서 의미하는 문해력은 글을 읽고 이해하는 능력입니다. 우리는 더 확장된 개념으로 문해력을 사용합니다. 어떤 학부모는 읽고 문제 푸는 능력이냐고 물으시더군요. 국제연합교육과학문화기구(UNESCO)는 문해력을 다양한 맥락과 연관된 인쇄 및 필기 자료를 활용하여 정보를 찾아내고, 이해하고, 의미를 창조하고, 소통하고, 계산하는 힘으로 봅니다.

읽고 쓰지 못하는 학생들이 다수는 아닙니다만, 쉽거나 짧은 글을 읽어도 이해하지 못하는 경우는 많습니다. 문제를 풀 때 대충 읽어서 그렇다는 말은 변명입니다. 이해를 제대로 하지 못한 겁니다. 교과서를 얼마나 정확하게 이해했는지를 알아보는 연구에서 확인할 수 있습니다. 교과서가 있는 구조의 교육에서 교과서를 이해하지 못했다는 말은 학습이 이루어지지 못했다는 말과 동일합니다. 분명히 과거에 비해 더 큰 비용과 시간을 투입하고 있는데 말이죠. 무슨 일이 벌어지는 걸까요?

교육과정도 개정되어서 최저 수준의 학력 이수는 해야 졸업할 수 있으니, 문해력 이슈는 깊이 있게 고민해야 하는 문제임은 분명합니다. 걱정요정인 학부모님의 질문에 저는 언제나 이렇게 답합니다.

"소리 내어 읽게 하세요. 그리고 녹음이나 영상 촬영을 해보세요."

자녀의 학년은 중요하지 않습니다. 한글이라면 분량이 짧은 동화책부터 시작하면 됩니다. 소리 내어 읽는다는 것은 단순히 글자를 음성으로 바꾸는 행위가 아닙니다. 발음, 억양, 속도, 띄어 읽기, 문장 단위의 의미 파악이 동시에 작동해야 가능한 고난도 작업입니다. 녹음이나 촬영을 하게 되면 자연히 "틀리지 않게 읽고 싶다"는 마음이 생깁니다. 그 과정에서 반복 연습이 이루어집니다. 발음이 서툴고 끊어 읽기가 어색하더라도, 반복할수록 분명히 나아집니다.

특히 영어 학습에서는 소리 내어 읽기의 효과가 여러 연구를 통해 확인되었습니다. '리딩 플루언시(reading fluency)' 연구에 따르면, 음독 연습을 지속한 학생들이 단순 묵독만 한 학생들보다 어휘 인식 속도와 이해도가 유의미하게 향상되었습니다. 또한 소리 내어 읽기는 작업 기억을 자극하고, 발화와 청각 피드백을 동시에 활용하기 때문에 언어 회로를 더 강하게 활성화합니다. 하버드와 MIT를 포함한 여러 신경과학 연구에서는 소리 내어 읽기가 뇌의 브로카 영역과 베르니케 영역을 동시에 자극하여 언어 처리 효율을 높인다고 보고합니다.

한 권을 끝까지 읽고 싶어 하는 아이라면 분량이 짧은 책을 고르십시오. 두꺼운 책이라면 나누어 읽으면 됩니다. 같은 책을 반복해도 좋습니다. 반복 읽기는 읽기 속도와 정확성을 높이는 가장 확실한 방법으로 알려져 있습니다. 눈으로 읽는 시간과는 전혀 다른 훈련입니다. 하지 않던 행동을 익숙하게 만들려면 의미 없어 보이는 시간이 필요합니다.

"이게 맞는 건가?" 싶은 순간이 올 수 있습니다. 그래도 10개, 20개씩 찍어보세요. 처음 영상과 비교하면 변화가 분명히 보입니다. 이미 여러 아이들이 성공한 경험이 있습니다.

검증된 방법인데도 실천하지 못하는 이유가 뭘까요? 부끄러워서 그럴 수 있습니다. 자신의 목소리, 몸짓을 직접 마주하는 건 예상보다 낯서니까요. 다른 아이들은 묵독을 하는데 남들은 안 하는 책을 소리 내서 읽는 게 맞지 않는다고 생각하는 거죠.

인풋이 많으면 많을수록 좋겠지만 소화하는 능력은 사람마다 다릅니다. 꼭꼭 씹어서 자기 속도에 맞춰서 먹으면 됩니다. 중학생도 고등학생도 늦지 않았습니다. 모르는 건 지금이나 며칠 뒤나 매한가지니까요. 그래서 저는 책을 잘 안 읽는 아이들에게 반드시 소리 내어 읽고, 입 밖으로 꺼내어 설명하고, 문장으로 쓰라고 합니다. 한 권이라도 제대로 읽어보자고 말합니다. 그렇게 세밀해야 하는 시기가 필요합니다.

늦은 시기는 없습니다. 엄마가 직접 촬영해도 좋고 아이 혼자 해도 됩니다. 초등학교 1학년도 혼자 읽고 영상 찍습니다. 이야기책도, 정보가 많은 교양서도 모두 좋습니다. 글밥이 적은 재미 위주의 책만 아니면 됩니다. 선생님처럼 읽어보기, 엄마나 아빠처럼 읽어보기, 나처럼 읽어보기, 아나운서처럼 읽어보기 등 아이들에게 이유를 고르게 하서도 됩니다. 아이가 스스로 성장했다는 느낌을 가질 때까지만이라도 곁을 지켜주세요.

아이가 안 읽을 때
마지막으로 해볼 수 있는 것

　아이가 책을 읽지 않을 때는 무조건 문제로 규정하지 말고, 잠시 멈춰 선 '휴지기'라고 받아들이세요. 아이가 다른 무엇인가에 에너지를 쓰고 있을 가능성이 큽니다. 숙제에 치여 지쳤거나 친구 관계나 새로운 관심사에 몰입해 있을 수도 있습니다. 겉으로는 책을 멀리하는 모습만 보이지만 실제로는 다른 방향으로 집중하고 있는 경우가 많습니다.

　동기와 학습에 관한 연구들은 공통적으로, 부모의 과도한 통제와 압박이 아이의 내적 동기를 약화시킬 수 있다고 말합니다. 반대로, 아이의 선택과 자율성을 존중하는 태도는 학습의 지속성을 높이는 데 도움이 됩니다. 읽기 역시 다르지 않습니다. "왜 안 읽니?"라고 다 그치기보다 한발 물러나 아이의 상태를 살펴보세요.

부모가 아니라 또래 친구라고 생각하고 요즘 뭐 하고 노는지 관찰해보세요. 길게 필요하지도 않습니다. 3일에서 5일이면 충분합니다. 아무 관심이 없어 보이는 아이조차 반복적으로 붙드는 무언가가 있습니다. 게임이든, 영상이든, 특정 주제든 반드시 있습니다. 본인은 인식하지 못할지라도 자꾸 표현하고 이야기하려는 소재가 드러납니다.

그 지점을 발견하셨다면, 그 관심을 억지로 끊으려고 개입하지 말고 연결해보는 방법을 쓰세요. 좋아하는 주제와 맞닿은 얇은 책 한 권, 만화 한 편, 관련 기사 한 장이면 충분합니다. 독서는 습관이기 이전에 감정입니다. 책을 싫어하게 만들지만 않으면 됩니다. 휴지기를 통과한 아이는 다시 읽습니다.

다른 방법도 있습니다. 아이와 함께 산책을 하거나 가벼운 등산을 해보는 겁니다. 인증 사진 한 장 남기는 일도 즐거움이 되고, 다녀와서 소소한 간식을 나누는 시간도 충분히 의미가 있습니다. 꼭 유명한 산일 필요는 없습니다. 동네 뒷산을 한 바퀴 돌고 감자튀김이나 아이스크림을 먹는 것으로도 충분합니다.

이때 이 시간을 억지로 책과 연결하려 하지 마세요. "이제 책 좀 읽어볼까?"라는 말은 잠시 내려두서도 됩니다. 함께 걷고, 같은 풍경을 보고, 같은 음식을 나누는 시간이 차곡차곡 쌓이는 것이 먼저입니다. 그 과정이 아이 마음속에서 정리되고, 생각이 익어가는 시간이 됩니다. 자꾸 설득하려 하면 오히려 마음의 문이 닫히기 쉽습니다. 특히 사춘기 언저리에 있다면 더욱 그렇습니다.

한 가지 실험을 해보죠. 지금부터 1분 동안 절대 하얀색 코끼리를 떠올리지 마세요.

어떠셨습니까? 생각하지 말라고 할수록 더 또렷하게 떠오르지 않습니까? 아이에게도 마찬가지입니다. "왜 책을 안 읽니?"라는 말은 오히려 책을 더 멀리하게 만들 수 있습니다.

그래서 방향을 바꾸어 보시라고 말씀드립니다. 책을 직접적으로 밀어 넣기보다, 몸을 움직이고 호흡을 가다듬는 시간을 먼저 가지십시오. 발걸음에 집중하며 걷는 일, 풍경을 바라보며 잠시 멈추는 일은 작은 명상이 됩니다. 등산이든 산책이든, 그렇게 마음이 정리되는 시간을 통해 아이의 생각은 스스로 자랍니다. 그 안에서 책도 다시 자리 잡을 수 있습니다.

잘 읽던 아이가 어느 날 "책이 싫다"고 말한다면, 잠시 내버려두세요. 학습과 정보 전달의 영역에서 벗어나 다시 '재미'의 자리로 돌아가게 두는 것이 좋습니다. 시간이 부족해서 마음껏 읽지 못하는 상황일 수도 있습니다. 읽고 싶어도 여유가 없어 짜증이 쌓이고, 그 감정을 조절하느라 에너지를 쓰다 보면 책까지 밀어내는 경우도 적지 않습니다.

반대로, 책을 한결같이 부담스럽거나 위험한 대상으로 여긴다면, 먼저 '친숙해지는 단계'가 필요합니다. 거창할 필요는 없습니다. 단 한 권이면 충분합니다. 아이가 책과의 끈을 완전히 놓지 않도록 붙들어줄 수 있는 한 권을 찾으면 됩니다. 그 출발점은 대개 곁에 있는 어른입니다. 어른이 먼저 편안하게 읽는 모습을 보여주세요.

물론 쉽지 않은 일입니다. 하루 일과를 마치고 집에 돌아오면 얼른 씻고 눕고 싶을 겁니다. 하루 종일 집안일과 아이를 챙겼는데, 학습까지 살피려 하면 머리가 지끈거리는 것이 당연합니다. 학원에 맡기면 해결될 것이라 기대했는데 성적표를 받아들면 허탈하기도 합니다. 그럴수록 기준을 낮추세요. 책을 다 읽으려 하지 않아도 됩니다. 제목만 바라보고 있어도 됩니다. 마음에 드는 책을 빌려 와 제목을 몇 번 소리 내어 읽는 것만으로도 충분한 시작입니다.

목표는 책을 '정독해서 씹어 먹는' 공부가 아닙니다. 책과 친해지고, 자꾸 눈에 익히고, 필요할 때 자연스럽게 집어 드는 도구로 만드는 것입니다. 게다가 영상은 책이 이기기 힘든 상대입니다. 책이 영상보다 앞서려면, 오래전부터 책을 선택하는 경험이 많이 쌓여 있어야 합니다. 책을 우선하는 뇌 영역이 만들어져 있어야 합니다. 그렇게 하기 위해서 부모가 먼저 책을 읽기 시작해야 한다고 반복해서 말씀드립니다. 끝까지 포기하지 마세요. 우리는 부모니까요.

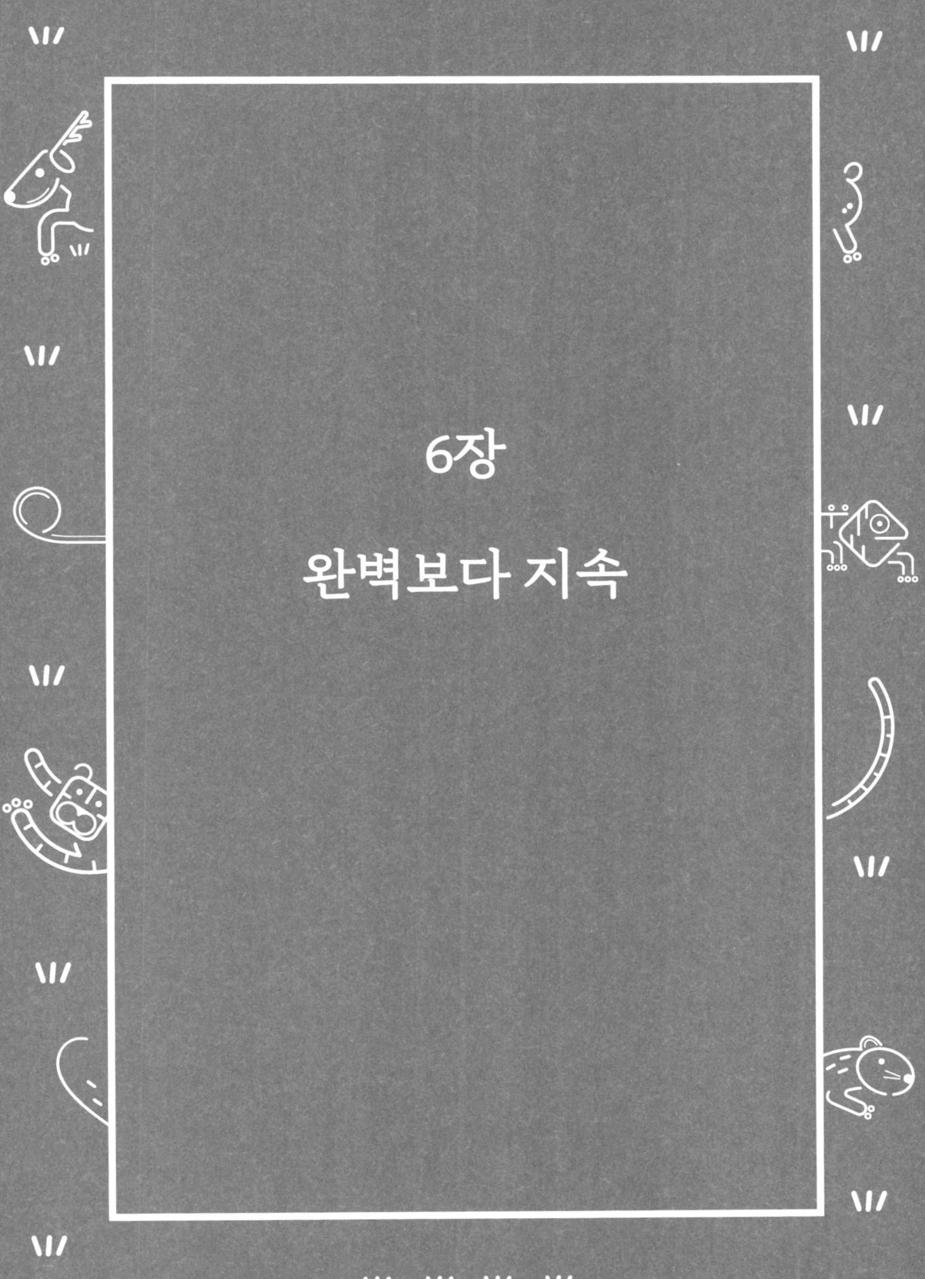

6장

완벽보다 지속

선행학습보다
작은 성공의 누적

어쩌다 보니 마라톤을 완주했습니다. 여섯 번이나요. 앞으로도 마라톤을 계속할 계획입니다. 이렇게 말하면 사람들은 제가 달리기를 잘하거나 혹은 운동을 좋아한다고 여깁니다. 그런데 사실 저는 몸으로 하는 운동은 언제나 못했고, 야외에서 움직이는 것을 정말 싫어했습니다. 산은 내려올 건데 왜 올라가냐는 주의였으니까요. 이런 사람이 어떻게 마라톤을 완주했을까요?

시작한 계기는 부족한 수면 시간과 불균형한 식단이 지속되며 체력 저하로 육아에 문제가 생기면서였습니다. 가까운 거리도 차로 다니고 힘쓰는 일은 전혀 안 했습니다. 그러다 책 속 한 구절에 영감을 받아 걷기부터 시작했습니다. 10분을 걸을 수 있으면 1분을 뛸 수 있다고 용기를 주는 런데이 앱의 안내를 들으며 걷고 뛰었습니다. 분명히 뛴다고 생각했지만, 당시의 모습을 떠올리면 슬로우조깅도 아니고 엉거주춤한 빨리 걷기 정도였던 것 같습니다.

1분, 1분 30초, 2분, 뛰는 시간이 점점 늘어나면서 평생 달리기와 멀었던 저도 뛰고 있더군요. 30분 달리기를 완주한 날은 가슴이 뭉클했습니다. 그렇게 30분, 40분 달리다가 5km 대회에 참가하고, 10km도 뛰게 되었습니다. 평생 달리기라고는 해본 적 없던 제가 쉬지 않고 10km를 뛰는 것 자체가 신기했습니다. 속도는 고려 대상이 아니었습니다. 빨리 달리지도 못하거니와 걷지 않는다는 것만으로도 스스로가 대견했으니까요. 천천히 저의 페이스대로 달렸지만, 근육통은 그림자처럼 언제나 따라붙었고, 계단은 히말라야산맥처럼 보였습니다. 그래도 멈추지 않고 계속 달렸습니다. 잘하든 못하든 상관없었습니다. 뛰는 순간은 가슴이 터질 것 같고 호흡도 가쁘지만 매 발걸음이 뿌듯했습니다.

그러던 어느 날 소풍 가는 마음으로 풀코스를 신청했습니다. 힘들면 중간에 돌아오면 된다는 마음으로 달렸습니다. 30초도 제대로 뛰지 못하고 주저앉던 제가 4시간대에 완주를 해냈습니다. 처음부터 끝까지 저의 두 발로 이뤄냈습니다. 무어라 형용할 수 없는 감정이 북받쳤습니다. 곁을 지켜준 페이스 메이커 덕분에 느려지거나 빨라지지 않고 일정한 속도를 유지할 수 있었습니다.

완주할 수 있었던 원동력은 일단 뛰는 것이었습니다. 뛰었고 또 뛰었습니다. 러닝 마일리지가 쌓이면서 달릴 수 있는 거리도 늘고 기록은 단축되었습니다. 처음부터 거대한 꿈이 있었어도 좋았겠지만, 지난 달리기만큼 오늘 뛰었고, 내일도 뛸 수 있다는 스스로에 대한 믿음이 멈추지 않고 나아가도록 이끌었습니다.

개인적인 이야기를 이렇게 길게 꺼낸 이유가 있습니다. 공부도 마라톤과 마찬가지라고 걸 다시 한번 느꼈기 때문입니다. 빨리 달려야 했다면 포기했거나, 아예 시작도 안 했을 겁니다. 누군가와 비교하면서 뛰어야 했다면 대회 출전은 쳐다보지도 않았을 겁니다. 어쩌다 뛰었다 한들 주눅 들어서 달리기는 역시 나와 맞지 않는다며 돌아섰을 겁니다. 강제로 해야 했다면 뛰는 내내 무거운 다리를 끌고 숨도 버겁게 쉬면서 내가 이걸 왜 해야 하는지 모르겠다고 불평하며 괴롭고 불안해했을 겁니다.

불안은 생존을 좌우하는 뇌의 영역, 편도체에서 반응합니다. 가장 먼저 반응합니다. 이 감정은 재미나 성취를 맛보지 못하도록 차단합니다. 흔들리지 않고 원하는 바를 이루려면 성장하는 자신의 모습이 느껴져야 합니다. 공부는 정해진 끝이 있지 않습니다. 시간과 노력이 무한으로 필요하지만 쏟아낸 정성을 확인할 수 없습니다. 그래서 공부가 어렵습니다.

공부에서 성공 경험을 쌓아야 하는 이유는, 실력이 먼저 자라는 것이 아니라 자신감이 먼저 자라기 때문입니다. 작은 문제 하나를 스스로 풀어냈다는 감각, 어려운 단원을 끝까지 이해했다는 기억은 '나는 할 수 있다'는 인식을 만듭니다. 이 인식이 있어야 다음 과제를 버틸 힘이 생깁니다. 반대로 실패 경험만 반복되면 도전 자체를 피하게 됩니다. 공부는 결국 긴 시간 이어지는 과정이므로, 크지 않아도 좋으니 반복 가능한 성공을 설계해주는 것이 학습지속성의 핵심입니다.

성공 경험을 쌓아야 한다고 해서 어렵게 생각하지 않아도 됩니다. 구체적인 실천은 정말 쉬워서 하지 않기가 더 어려운 정도로 목표를 낮추는 것부터가 시작입니다. '신발장 앞에 간다 ⇨ 운동화를 신는다 ⇨ 엘리베이터 앞까지만 간다 ⇨ 1층까지 간다 ⇨ 1km라도 뛴다' 처럼 손에 잡히는 간단한 것부터 했습니다.

이처럼 필요하지만 잘 안 하게 되는, 아주 단순한 것부터 시작하세요. 어려워서 못 했다고 하는 핑계조차 부끄러운, 아주 쉬운 일이어야 합니다. 그래야 부담 없이 시작하고 성취할 수 있게 됩니다. 누군가는 실천 후 21일이 지나면 습관이 된다고 하고, 다른 누구는 3개월은 지나야 뇌가 적응한다고 합니다. 제가 10대 학생들에게 직접 시켜본 결과 평균적으로 최소 두 달은 꼬박해야 타인의 개입 없이도 습관이 되었습니다. 앞으로 입시뿐 아니라 취업도 결혼도 어느 것 하나 녹녹하지 않은 힘든 고비를 맞아야 하는 학생들입니다. 아무리 현실이 고단해도 아주 적은 노력 정도는 할 수 있습니다. 그렇게 나아가면 됩니다. 눈사람을 만들고 싶다면 작은 눈 뭉치부터 만들어야 합니다. 살을 붙이고 시간을 들여서 굴리면 눈사람을 만들 수 있을 정도로 눈덩이가 커지겠지요. 아이가 작은 성취를 차곡차곡 쌓고 그것을 습관으로 이어간다면, 그 경험은 훗날 스스로 꿈을 그리고 실현해 가는 과정에서 든든한 주춧돌이 될 것입니다.

실패를 배움으로 바꾸는 법

미래에 대한 의견을 물으면 많은 아이들이 이렇게 답합니다.

"하고 싶은 게 없어요."

"포기하면 편해요."

"성적이 나빠서 꿈이 없어요."

"내가 원하는 건 엄마 아빠가 못하게 해요."

무엇이 아이들을 이렇게 만들었을까요? 입시 때문일까요? 평가는 학습의 일부분입니다. 평가가 없는 학습은 자기만족일 뿐입니다.

　절대평가와 상대평가를 구분 짓는다고 해도 마찬가지입니다. 포기하는 이유가 나 때문이 아니라 다른 이들 탓이라고 할 필요가 없습니다. 학교 공부는 하나의 주제일 뿐입니다. 자전거가 될 수도 있고, 요리도 될 수도 있습니다. 모르는 것을 배우는 자체가 공부입니다. 그래서 공부를 대충 하는 건 너무도 아까운 일입니다.

　실패에 대한 두려움이 없는 이가 과연 있을까요? 실패는 시도하는 과정에서 발행하는 필수불가결한 단계일 뿐입니다. 같은 쌀을 씻어서 밥을 해도 어느 날은 맛있고, 어느 날은 그저 그런 날이 있습니다. 잘 되는 날도 있고, 아닌 날도 있지요. 이래도 밥을 하고 저래도 밥을 해야 합니다. 툴툴 털고 일어나야 하는데, 에너지가 부족하면 밥도 제대로 못 한다며 주저앉습니다. 그 시간이 반복되면 최악으로 치닫습니다. 바로 패배의식입니다. 실패보다 무서운 것이 패배의식입니다. 도전과 나아가려는 원동력의 불씨를 패배의식이 사그라뜨립니다. 호호 불어 불씨를 살려 내도, 패배의식에 젖으면 타오르지 못합니다.

　실패와 패배의식의 굴레를 벗어나려면, 먼저 하지 말아야 할 것을 분명히 해야 합니다. 바로 자기변명, 자기기만, 그리고 자기파괴적 태도입니다.

자기변명

'자기가 저지른 잘못에 대하여 남이 이해할 수 있도록 스스로 설명함, 또는 그런 설명'이라고 사전에 나와 있습니다. 다른 표현으로 자기 합리화입니다. 공부를 못한 이유는 친구가 게임을 하자고 불러서이고, 수업을 열심히 듣지 못한 이유는 맘에 안 드는 애가 쉬는 시간에 내 친구에게 속닥거려서라는 핑계를 댑니다. 변명은 내가 바라는 나와 멀어지도록 이간질합니다. 그러다가 어느 순간 변명이 진짜인 것처럼 느껴진다. 혼나는 게 싫을지라도, 자신에게는 변명하지 말아야 합니다. 누가 뭐래도 나는 나를 믿어야 합니다.

자기기만

사실과 다르거나 진실이 아닌 것을 합리화하면서 사실로서 받아들이고 정당화하는 현상을 일컫는 심리학 용어입니다. 게임 중독이지만 스스로 조절할 수 있다고 믿거나, 내 아이가 그럴 리 없다고 무작정 믿는 상황입니다. 보고 싶은 것만 보고, 믿고 싶은 것만 믿습니다. 수학 문제집을 3주면 한 번 돌릴 수 있다고 생각하지만, 현실은 아닙니다. 공부하려고 했으니, 계획 세우고 책상 정리한 걸 마치 공부한 것처럼 합리화합니다. 시험 기간이니 스터디카페에 가야 공부가 된다고 말은 하지만, 곰곰이 생각하면 압니다. 자신을 속이는 시간이 커커이 쌓이면 객관적으로 판단하는 눈을 잃게 되겠지요.

자기 파괴

자기 신체나 생명을 훼손하거나 무너뜨리는 일, 또는 그런 심리적 경향을 의미합니다. 슬프게도 무뎌진 감각을 자해로 느끼려는 아이들이 적지 않습니다. 자해 흔적이 나지 않게 하는 법도 공유하고, 사진을 찍어 인증하는 사이트도 있습니다. 심지어 허가받지 않은 약물로 문신을 시도하다가 2차 감염이나 염증이 생기는 사례도 보고되고 있습니다. 평소와 달리 긴소매 옷이나 목이 높은 옷을 고집하거나, 손목과 팔을 유난히 가리려는 행동이 반복된다면 차분히 살펴봐주세요. 아이가 밖으로 꺼내지 못한 감정을 자기 몸에 대신 표현하고 있다면 치료가 필요하다는 신호입니다. 놀라거나 화내지 마시고 신속하게 전문적인 도움을 받으세요. 조기에 개입할수록 회복 가능성은 높아집니다.

자기변명, 자기기만, 자기 파괴가 아니라면 목적 없이 시간 낭비하는 행동을 해도 시행착오라고 여기면 됩니다. 청소년기는 재료를 구하고 다듬는 시기입니다. 어떤 재료가 좋은지, 필요한지 씹고 만지고 두드려보도록 그대로 두어야 합니다. 자기 거여야 합니다. 자기 공부이고 자기 숙제여야 합니다. 대신해주고 싶어도 참으세요. 지켜보다가 적절한 순간에 개입해야 합니다. 그게 어른의 몫입니다.

입시를 통해
자신을 발견하는 과정

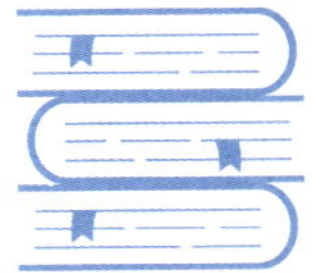

　학교 공부는 모든 학생이 겪는 공통적인 문제들을 안고 있습니다. 긴 시간을 할애해도 실력이 향상되는지 바로 알기 어렵고, 자신만 특별히 더 어려운 것 같아 지치기 쉽습니다. 어떤 학생들은 같은 시간 동안 공부해도 성적이 잘 나오는 것을 보면 더욱 기운이 빠집니다. 성적순으로 줄을 세우는 평가 방식은 자신의 성과를 느끼기 어렵게 만드는 원인입니다. 이러한 이유로 공부에 대한 동기부여가 떨어지고, 결국 미루게 되는 악순환에 빠지기 쉽습니다.

공부는 예체능처럼 재능이 중요한 요소일 수 있지만, 극복할 수 있는 분야입니다. 특히 대학입시는 천재가 아니어도 누구나 도전할 기회가 있습니다. 성실하게 하루를 보내며 학교 공부를 충실하게 해낸다면 기본 조건은 충분합니다. 완벽한 성적표를 기대하기보다는 매일 조금씩 나아지는 과정을 즐기는 것이 중요합니다. 현재의 성적이 만족스럽지 않더라도, 그것이 영원히 그럴 거라는 보장은 없습니다. 반대로, 좋은 성적을 유지하는 것도 한순간의 노력으로 가능한 일은 아니겠지요?

공부하면서 중요한 것은 자기자신을 위한 목표설정입니다. 부모님이나 주변의 기대에 맞추기보다 자신의 꿈과 목표를 향해 나아가는 것이 중요합니다. 꿈이 없어도 상관없습니다. 하고 싶은 일이 없을 수도 있습니다. 당연합니다. 마치 인생 다 산 것마냥 '어른은 꿈이 없어도 괜찮아. 아이만 행복하면 된다'고 생각하시나요? 꿈이 없고 바람이 없어도 어른도 아이도 자기만의 기준은 필요합니다. 그게 목표로 치환되면 됩니다. 자신이 무엇을 원하는지, 어떤 방향으로 나아가고 싶은지 고민하며, 그 목표를 향해 꾸준히 노력하는 자세가 필요합니다. 자기자신의 목표를 이루기 위한 공부는 타인에 의한 공부보다 더 큰 동기부여가 됩니다.

　공부하면서 겪는 어려움과 좌절은 누구에게나 있는 일입니다. 하지만 이러한 경험들은 오히려 인내와 끈기의 가치를 배우게 하고, 자기자신을 더욱 단단하게 만듭니다. 포기하고 싶은 순간에도 다시 일어서서 나아가는 힘은, 인생의 다른 도전을 마주할 때 큰 힘이 됩니다.

　결국 공부는 자기자신을 위한 투자입니다. 단기간의 성과에 집착하기보다 장기적인 관점으로 보세요. 공부를 통해 자신이 무엇을 좋아하고, 어떤 분야에 관심이 있는지 발견할 수도 있습니다. 직접 경험이 많지 않은 청소년기에 당장의 미래를 구체적으로 꿈꾸기는 버겁습니다. 간접 경험은 아이의 경험 세계를 넓혀 주는 중요한 통로입니다. 직접 겪어 보지 못한 다양한 삶과 직업, 생각을 책과 수업, 대화를 통해 접하면서 아이는 자신의 관심과 성향을 조금씩 발견해 갑니다. 이러한 과정은 앞으로의 진로와 삶의 방향을 정하는 데 의미 있는 밑거름이 됩니다. 공부는 지식을 통해 자기자신을 이해하고 가능성을 탐색해가는 과정이기 때문입니다.

　공부를 잘하기 위해서는 자기자신에 대한 믿음과 긍정적인 마음가짐이 필요합니다. 실패와 실수는 배움의 과정에서 자연스러운 부분이며, 이를 통해 성장할 수 있습니다. 또한 공부는 혼자만의 싸움이 아니기에 주변의 도움과 지지가 위로됩니다. 자신이 미덥지 못할 때 누군가가 나를 믿어주는 마음을 믿고 싶었던 경험이 있으시지요? 아이들도 그렇습니다. 가족, 친구, 선생님의 응원과 조언을 받으며 함께 나아가는 것이 필요합니다.

십 대 시절의 대부분을 차지하는 공부는 결국 입시로 마무리되며, 이는 인생의 큰 전환점이 됩니다. 이 여정이 힘들고 버거울지라도 끝까지 포기하지 않는 이유는, 이 모든 노력이 하나의 작품으로 완성되기를 바라기 때문입니다. 비록 기대에 미치지 못하더라도, 그 과정 자체가 의미 있고 소중합니다. 완성된 성적표가 바라는 모습이라면 더할 나위 없이 좋겠지만 그렇지 않더라도 노력의 과정은 고스란히 남습니다.

공부라는 작품을 만들어가는 과정에서 부모와 함께 구상하고, 고민하고, 노력하는 경험은 큰 의미입니다. 부모는 동반자로 함께할 수 있습니다. 부모님의 조언과 지지를 받는다면 더 큰 성장을 이룰 수 있습니다. 부모와의 공동 작업은 단순한 성적 향상을 넘어, 삶의 방향과 목표를 함께 설정하는 중요한 시간이 됩니다.

마지막으로, 공부의 과정에서 겪는 경험은 나중에 큰 자산이 됩니다. 지금은 힘들고 지치더라도, 이 경험이 쌓여 자신만의 특별한 이

야기가 됩니다. 앞으로의 삶을 더욱 풍요롭게 만들 겁니다. 공부는

인생을 살아가는 중요한 도구이자, 자신을 성장시키는 과정이니까

요.

공부는 너머에 있는 진짜 가치

공부는 무엇일까요? 왜 해야 할까요? 부모나 아이들 모두에게 생각할 거리가 많은 질문입니다. 미래를 위해서라고 흔히들 말합니다. 하고 싶은 일을 하고 살려면 지금 공부해야 한다는 것부터, 잘 먹고 잘살기 위해 제일 쉬운 방법이 공부라고 설명하기도 합니다. 돈만 벌면 된다는 아이에게는 연봉이 높아야 대출도 충분히 받을 수 있고, 그래야 투자도 할 수 있는 현실적인 예시를 제시하기도 합니다.

그렇게 중요한 유년기를 공부만을 위한 시간을 보냈을 때, 공부를 통한 성공에서 멀어지면 아이는 어떻게 될까요? 그 결과가 과히 좋지는 않을 겁니다. '나'가 여럿이면 하나가 무너져도 살 수 있습니다. 그렇지 않고 공부하는 '나'만 있다면 공부의 결과가 자신과 같다고 여기는 방법만 남습니다. 시험에 실패했다고 찌그러진 채 사는 아이는 남은 인생이 얼마나 고단할지 상상도 하고 싶지 않습니다. 영원히 패배자로 남겠지요.

학창 시절은 인생에서 다시 오지 않을 중요한 연습의 시기입니다. 초·중·고 12년 동안 자신이 하고 싶은 일을 찾을 수도 있고, 끝내 찾지 못할 수도 있습니다. 전혀 이상한 일이 아닙니다. 이 시기는 다양한 가능성을 직접 경험해보는 탐색의 시기, 다시 말해 여러 방향을 시험해보는 시간이기 때문입니다.

그 관심이 공부일 수도 있고, 전혀 다른 영역일 수도 있습니다. 공부라 해도 괜찮고, 아니어도 큰일은 아닙니다. 중요한 것은 무엇이든 시도해보고, 겪어 보고, 그 안에서 자신에 대한 이해를 넓혀 가는 일입니다. 그렇게 쌓인 경험이 결국 한 사람을 성숙하게 만들고, 사회 속에서 자기 삶을 책임질 수 있는 힘으로 이어집니다.

꼭 기억해주세요. 열정을 따르고 하고 싶은 일을 하려 한다고 해서 하기 싫은 일을 하지 않아도 된다는 뜻이 전혀 아닙니다. 누구도 좌절하고 싶지 않습니다. 불편한 일은 미루고 하기 싫습니다. 당연하게도 인간은 그런 존재입니다. 그렇지만 사회에서 살아가야 하는 이상, 좋고 싫음을 넘어서 해야 하는 일이 있습니다. 열정만 따르면 선택의 폭이 절대로 넓어지지 않습니다.

공부는 그 시간 속 우리가 만난 연습문제입니다. 문제를 만나 해결하는 과정이 삶의 예방접종입니다. 노력과 상관없이 성적의 결과만으로 평가받는 현 시스템이 모두에게 적합하거나 공정하다고 판단하기는 어렵습니다. 그런데도 지금 이 자리에서 할 수 있는 자신의 역량을 연습하지 않으면 언제 해보겠습니까?

시험이 한 번뿐이라면 죽이 되든 밥이 되든 어떻게든 해볼 수 있습니다. 그러나 장기간의 시험은 그에 맞는 준비가 필요합니다. 목적도 있어야 하고, 하고 싶기도 해야 하고, 성취도 있어야 합니다. 그저 머릿속에 글자만 넣으면 되는 시간이 아닙니다. 공부는 그렇게 나를 알아가는 과정이고 내가 알게 되는 시간입니다. 그 시간 속에서 눈에 보이지 않고 손에 잡히지 않는다고 해서 아무것도 안 하는 게 아닙니다.

성공적인 공부는 재미와 의미 그리고 성취감이 유기적으로 연결되어 있습니다. 일도 마찬가지입니다. 재미가 있으니 자꾸 하게 되

고, 하다 보니 실력이 늘고, 성취가 쌓이니 결과가 긍정적으로 나타
납니다. 거기에 구체적인 의미를 찾으면 동기는 저절로 굴러가는 무
한동력이 됩니다. 게임을 좋아하는 이유도 거기서 찾을 수 있습니
다. 재미도 있고 실력도 늘고 눈에 보이는 성취도 있는 데다가 친구
도 있습니다. 그 세계에서 자꾸 머물려는 이유겠지요. 그에 반해 공
부는 손에 잡히지 않는 안개처럼 형상이 없습니다. 그래서 마음만으
로는 결과에 도달하기 어렵습니다.

자신을 얼마만큼 믿으시나요? 무슨 일이든 해낼 수 있다는 자신만
의 믿음이 있으신가요? 공부는 나라는 사람을 쌓이는 데이터를 통해
알아가는 과정입니다. 이렇게 노력했고 그 과정은 어떠했고 그 결과
는 이랬다는 경험이 나라는 사람을 이해하는 데 작동합니다. 나에
대한 믿음을 만나러 가는 여정에 공부가 도구로 있을 뿐입니다.

미래에 자신이 무슨 일로 먹고살지 누구도 확신하기 어렵습니다.
그래서 경험의 다양성이 중요하다고 많은 학자가 말합니다. 어린 시
절의 경험과 추억이 한 사람의 인생에 얼마만큼 영향을 미치는지 굳
이 덧붙여 설명하지 않아도 될 정도지요. 나를 알고 믿는 그 중요한
과정이 유년 시절 단단하게 뿌리내려 있으면 살면서 그 어떤 고난을
만나도 이겨낼 수 있습니다. 회복탄력성이라는 거창한 단어를 꺼내

지 않아도 우리는 압니다. 자신을 믿어주는 사람이 있으면 견딜 힘을 얻습니다. 믿음을 보여주는 이가 자신이면 강력한 정신력으로 삶이 윤기가 날 것입니다. 그게 공부가 우리에게 주는 가장 큰 선물입니다.

끝까지 기억해야 하는 단순한 진리

　공부에는 변치 않는 진리가 있습니다. 공부를 잘하고 싶으면 정말 공부를 해야 한다는 사실입니다. 공부해도 성적이 향상되지 않는다면 진짜 공부를 하고 있는지 살펴봐야 합니다. 하루아침에 완성되는 공부라면 얼마나 좋겠냐 만은 그런 일은 세상에 없습니다. 교과서 혹은 기본서 한 번 보고 문제 풀고 실력이 저절로 쌓이는 날은 적어도 오늘은 아닙니다. 될 때까지 하는 게 공부입니다. 누군가는 '그' 될 때까지의 시간이 나보다 짧을 뿐입니다.

공부한다고 책상에 앉았습니다. 무슨 과목부터 할지, 어느 부분부터 시작할지, 읽으면 되는지, 문제를 풀어야 할지, 인터넷 강의를 들어야 하나, 어느 선생님 강의가 좋을까, 학원에 가야 하나 생각하다 끝납니다. 영어로 정했어도 어휘부터 해야 하는지, 문법부터 정리해야 하는지, 지문 이해가 되지 않아도 문제 풀 수 있으니 넘어가도 되는지, 단어 암기 인강을 들어야 하는지 고민하게 됩니다. 내 수준을 정확히 아는 것 자체가 공부의 일부입니다. 공부하는 중에도 자신의 위치는 변합니다. 어떤 과목은 습득이 빠르고 반대의 과목도 있습니다. 전략이 매번 동일하지 않기에 자기 파악은 학습에서 중요한 요소입니다.

엄마의 손에 이끌려 상담실 문을 열었던 진태는 겉으로 보기에는 평범한 고등학생이었습니다. 다만 전교 석차를 오르내리던 동생이 있다 보니, 비교 속에서 쌓인 공부에 대한 부정적 감정과 부모에 대한 신뢰의 균열이 이미 자리 잡고 있었습니다.

다행히 공부를 완전히 놓은 상태는 아니었습니다. 자신의 노력을 알아봐주고, 있는 그대로를 인정해주는 경험을 하자 공부에 대한 감정이 서서히 달라지기 시작했습니다. 약속한 학습 시간을 채우는 것조차 버거워하던 아이가, 어느 순간부터는 자리를 지키는 날이 늘어났습니다. 그때부터 학습량을 점검했습니다. 절대적인 공부 시간이 부족했기 때문에, 우선은 양을 늘리는 데 집중했습니다.

효과는 분명히 있었습니다. 스스로 자습을 하고, 필요한 강의를 찾아 듣기 시작했습니다. 단계적으로 성장하는 모습도 보였습니다. 어느 시점부터는 학교 외 대부분의 시간을 센터에서 보냈습니다. 공간에 대한 애착이었을 수도 있고, 공부하는 자신을 믿고 싶었던 마음이었을 수도 있습니다.

그러나 스터디플래너를 분석해보니 다른 사실이 드러났습니다. 전체 체류 시간은 분명히 늘었지만, 실제 집중 학습 시간은 크게 증가하지 않았습니다. 책상에 오래 앉아 있는 것과 성적 향상은 반드시 비례하지 않습니다. 책을 바라본다고 내용이 저절로 들어오지 않고, 선생님 곁에 있다고 실력이 자동으로 오르지도 않습니다. 안타깝게도 진태의 성적은 한두 번의 도약 이후 더 이상 상승하지 않았습니다. 양을 늘리는 단계에서 멈춰 있었기 때문입니다.

비단 진태만의 이야기는 아닐 것입니다. 막상 이제 제대로 공부해보겠다고 마음먹어도, 현실의 벽은 생각보다 단단합니다. 이미 꾸준히 달려온 친구들과 자신을 비교하게 되고, 뒤늦게 출발한 만큼 아무리 해도 따라잡지 못할 것 같은 불안이 밀려옵니다. 아무것도 하지 않았던 시간이 길수록 자신에게 맞는 공부 방식을 찾는 데에도 시간이 더 걸립니다. 그 과정은 결코 꽃길이 아닙니다.

그래서 결국 중요한 것은 의지와 이유입니다. 공부하겠다는 마음이 왜 생겼는지, 무엇을 위해 버티려는지 분명해야 합니다. 마음은 바람과 같아서 쉽게 흔들립니다. 날씨처럼 오락가락하는 것이 사람의 의지입니다. 하고 싶은 날과 하기 싫은 날은 늘 함께 다닙니다. 그리고 대개는 하기 싫은 날이 더 많습니다. 그럼에도 두 날을 모두 견뎌내는 과정에서 마음도, 실력도 단단해집니다.

누구에게나 바람에 날아갈 듯한 순간이 있습니다. 그래서 스스로에게 물어야 합니다. 간절하게 붙잡고 싶을 만큼 공부가 필요한지, 그만큼의 이유가 아이 안에 있는지 말입니다. 누군가의 기대나 압박 같은 외부 요인은 흔들린 마음을 다시 제자리로 돌려놓기에는 힘이 약합니다. 스스로 원해야 합니다.

공부 잘하고 싶지 않은 학생은 없을 겁니다. 관심이 없는 것처럼 보이는 학생들도 대화를 나누면 잘하고 싶은 마음은 모두 있었습니다. 해보니 잘 모르겠고, 얼마만큼 해야 하는지 벽에 부딪히니 관심이 없는 것처럼 외면했을 뿐입니다. 공부를 덕질한다고 여기면 어떨까요? 연예인이나 게임처럼 관심이 생기는 분야처럼, 좋아하니까 이

것도 저것도 시도하고 될 때까지 해보는 그 마음, 대상을 공부로 하
면 됩니다. 공부에서 재미를 찾는 노력도 실력의 일부입니다. 그렇
게 한 걸음씩 친해지면 어느 순간 성장하는 자신을 발견하게 되리라
확신합니다.

공부를 넘어 경험으로

    자기 주도적이고 책임감 있는 인간으로 성장하도록 돕는 교육은 무엇일까요? 학습도 정직, 책임, 존중, 배려, 소통, 협동, 예의를 배울 수 있으면 좋을 텐데 입시에 치우친 학습 시간은 버겁기만 합니다. 단순히 대학 진학과 같은 결과적 목표를 넘어, 학생이 자신의 잠재력을 발견하는 기회가 있어야 합니다. 단순 지식 암기가 아닌 삶에서 필요한 통합적 사고, 문제해결력, 인성과 같은 역량을 평가한다면 가능하겠지요.

공부를 넘어 경험이 되려면 동아리, 봉사활동, 프로젝트 등 다양한 경험을 쌓아야 합니다. 성공기가 아니어도 됩니다. 도전했지만 넘어졌고, 다시 보충해서 도전하는 자세를 학생에게서 보고 싶습니다. 학생부종합전형이나 수시전형은 학생이 쌓은 다양한 경험과 자기주도적 성장 과정을 중요하게 평가하는 제도입니다. 진로 탐색, 다양한 활동이 입시에서 주요한 자료로 사용됩니다. 온전한 결과물을 완벽하게 기록으로 남겨야 합격한다고 생각하는 학생들이 많습니다. 그러면 좋겠지만, 배움의 과정에 있는 학생에게 기대되는 완성도는 고등학생 수준이면 충분합니다.

경험의 나열은 의미가 없습니다. 경험을 바탕으로 그래서 뭘 배웠고 배움의 확장이 어떻게 이어졌다는 내용이 있어야 합니다. 고등학생이 되어 갑자기 이렇게 학교생활기록부(생기부)를 채우라고 하면 당황스럽습니다. 어디서부터 뭘 해야 하나 모르겠으니, 전문가를 찾아서 컨설팅을 받기도 하고 상담이 가능한 학원으로 발걸음을 옮깁니다. 할 수 있다면 한 살이라도 어릴 때 자신만의 이야기를 구성해 보는 연습이 필요합니다.

"네일 아티스트가 되고 싶어요. 예쁘게 단장해서 사람들에게 위안을 주는 작품을 만들고 싶어요."라는 초등학교 학생이라면, 색채 조화에 대한 보고서도 쓸 수 있고, 전시나 학교 행사에 참여해서 발표도 할 수 있습니다. 미술 수업에서 네일아트 디자인 포트폴리오를 제작해보기도 하고, 친구들에게 네일아트를 직접 해주며 의사소통 능력을 기를 수도 있습니다. 적성에 맞는지 네일아티스트와 만나서 진로 상담을 하고 네일아트 업계 동향을 듣습니다. 자기 매장을 언젠가 열고 싶어서, 매장을 얻기 위한 시장 조사도 합니다. 임대료, 보증금, 기타 재료 비용도 계산해서 미래의 네일아트샵을 구상해봅니다. 왜 매장이 협소해도 되는지, 경쟁 매장이 근처에 몇 개나 있는지 분석하며 경영, 경제적으로 접근합니다.

해당 내용에서 더 구체적인 내용이 들어가고 과목에서의 탐구가 포함되면 자기만의 이야기가 담긴 생기부가 됩니다.

사고의 확장이 자신의 관심사부터 시작되어야 펼쳐지기 쉽습니다. 이 학생이 시간이 지나 다른 분야에서 직업을 찾는다고 해도 네일아트 전문가를 꿈꾸며 준비했던 구체적인 경험은 남습니다. 요즘은 꿈이 있고, 하려는 목표와 의지가 있는 아이를 효자라고 사죠. 대학에서는 무전공 선발이 늘어나는데 고교학점제는 미리 정하라고 학생들을 자극합니다. 생각할 시간을 주지도 않고 공부만 하라고 했으면서 과목조차 입시에 맞춰서 해야 하는 상황입니다.

경험을 위해 시간과 정성을 쏟는 여러분, 정말 잘하고 계십니다. 무료인 체험 학습장도 찾다 보면 많습니다. 아이의 관심사에 여러분의 관심을 보여주세요. 열린 마음으로 대화하다 보면 직업까지는 아니어도 덜 싫어하는 과목 정도는 알 수 있답니다.

좋은 습관
만들기

　잘 가르쳐주고 싶은 마음에 말 한마디라도 더 하다 보면 잔소리가 됩니다. 잘하길 바라는 마음이 조금이라도 앞서서 입 밖으로 나오면 그렇게 되지요. 이때 이미 아이 감정은 표정으로 드러납니다. 습관이 이미 굳어진 중학생 이상의 연령대는 사춘기까지 겹치면 뭐라 말 붙이기도 겁이 납니다. 무슨 말에 성질을 부릴지 모르니까요. 부모라고 특별한 부모 교육을 받은 것도 아니니 어떻게 해야 좋을지 몰라 고민이 될 겁니다. 이 책을 펼치고 읽고 계신 여러분은 이미 노력하는 부모입니다. 실천을 해보고자 인사이트를 얻기 위해 책을 읽고 계실 테니까요. 그 모습에 박수를 보냅니다. 실천은 차치하고 더 나아지기 위한 그 노력이 우리에게도, 아이에게도 필요합니다. (일단 이렇게 칭찬을 구체적으로 해야 합니다.)

‘문제 똑바로 읽어라’, ‘계산 실수하지 마라’, ‘빼먹지 마라’, ‘수업 시간에 집중해라’. 이런 말을 한다고 아이는 귀담아듣지 않습니다. 그게 그렇게 쉬운 거라면 모든 아이가 모든 시험에서 완벽한 점수를 받겠지요. 그러면 양육자로서 아이들에게 무엇을 해줄 수 있을까요? 우리가 해줄 수 있는 보탬은 무엇일까요? 긴 시간, 아이의 학습, 성장, 나아가서 삶에 긍정적인 영향을 미치는 방법을 추천 드립니다.

어느 음반 제작자의 말처럼 나쁜 습관은 실력을 방해합니다. 없애는 시간과 노력을 생각하면 아무 습관이 없는 편이 훨씬 낫습니다. 인간의 뇌는 그렇지 않아도 하던 대로 하려는 기조가 있습니다. 변화를 선호하지 않습니다. 그래서 21일이라는 습관 형성 기간이 나오는 겁니다. 그 정도의 기간이 있어야 뇌에서 덜 거부하거든요. 뇌에서 익숙하게 받아들이는 시간은 15~60일이라고 합니다. 전문가마다 의견은 다릅니다만, 일단 뇌가 반항하며 하지 않으려는 시기가 짧게 잡아도 3주는 있다는 걸 기억하시면 어떤 행동을 규칙적으로 하고 싶을 때, 혹은 시키고 싶을 때 그 정도의 버벅거리는 시간은 당연하다는 걸 알아 두세요. 물론 우리의 아이들은 그보다 더 필요하기도 하고 덜 필요하기도 합니다.

아직 가능한 가정이라면 좋은 습관 만들기를 함께 만들어보면 어떨까요? 학습이든 생활이든 연결됩니다.

▲ 문제를 대충 읽는 아이 ⇨ 문제를 풀 때 문제를 작은 소리로 천천히 읽기.
▲ 서술형 문제에서 막히는 아이 ⇨ 문제의 문장을 나눠서 번호를 붙이기.
▲ 아침에 일어나기 힘들어하는 아이 ⇨ 좋아하는 연예인의 음악을 기상 음악으로 설정하기.

이렇게 하나씩 정하는 겁니다. 여기서 포인트는 아이만 정하는 게 아니고 부모님도 하나 정하셔야 합니다. 일주일에 책 한 권을 읽는다, 30분 운동을 한다, 채소를 하루에 한 번 챙겨 먹는다, 뭐든 좋습니다. 그 모습을 보여주고 기록하면 됩니다. 아이는 자기 혼자만 하는 게 아니라 엄마도 노력하고 애쓰고 있음을 느끼면 덜 힘들어합니다. 많은 가정에서 통했던 방법입니다.

아이에게 바라는 게 있으신가요? 한 문장으로 말씀하실 수 있나요? 그러면 엄마도 하나 정하세요. 그리고 아이에게 '엄마도 이런 걸

하려고 해. 너도나도 같이 해보면 어떨까? 함께 하자. 엄마도 너에게 더 나은 사람이 되고 싶어.'라는 분위기를 조성하면 됩니다. 절대로 강요나 억압적인 분위기면 안 되겠죠?

저는 운동을 좋아하지 않습니다. 그렇지만 현대인으로 살면서 운동을 하지 않고, 건강을 유지하기는 어려우니 울며 겨자 먹기로 합니다. '나'를 위해서 하는 운동은 아무리 좋다고 해도 현관에서 신발 신기는 것조차 못하는 수준의 의지였습니다. 좋아서 나가는 날도 있었지만, 지치고 버거운 날은 아늑한 이불 속의 간절함이 너무도 좋은 날도 있었기에 의지만으로 운동을 지속하기는 어려웠습니다. 뭔가의 보상 체계가 필요했습니다. 친구들을 불러 모았습니다. '같이 하자. 이거 좋다. 조금이라도 같이 뛰자. 얘들아, 함께하ㄴ자.' 트랙을 새벽에 뛰고 있으면 혹시라도 친구들이 보고 있을까 싶어 미루지 못했습니다. 그렇게 뇌의 반항기를 넘기고 나니 운동에 대한 거부감이나 불편감이 사라졌습니다. 함께 하는 친구들이 저에겐 보상이었던 겁니다. 대화를 하면서 숨이 찬 것도 덜 느껴지고, 위안도 받으니, 이보다 더 좋을 수 없었지요. 덕분에 지금도 달리고 있습니다.

우리의 의지는 휘발성입니다. 의지가 없는 것보다야 훨씬 낫겠지만 의지만으로 뭘 이뤄내기는 참으로 어렵습니다. 그래서 함께하는 방법을 추천해 드리는 겁니다. 어른도 어려운데 아이들은 어떨까요?

아이와 같이 문제집을 풀고 선생님처럼 지적하기보다 서로 나아지

는 방향으로 연습하는 모습을 보고 긍정적인 영향을 받는 방법, 어

떠신가요?

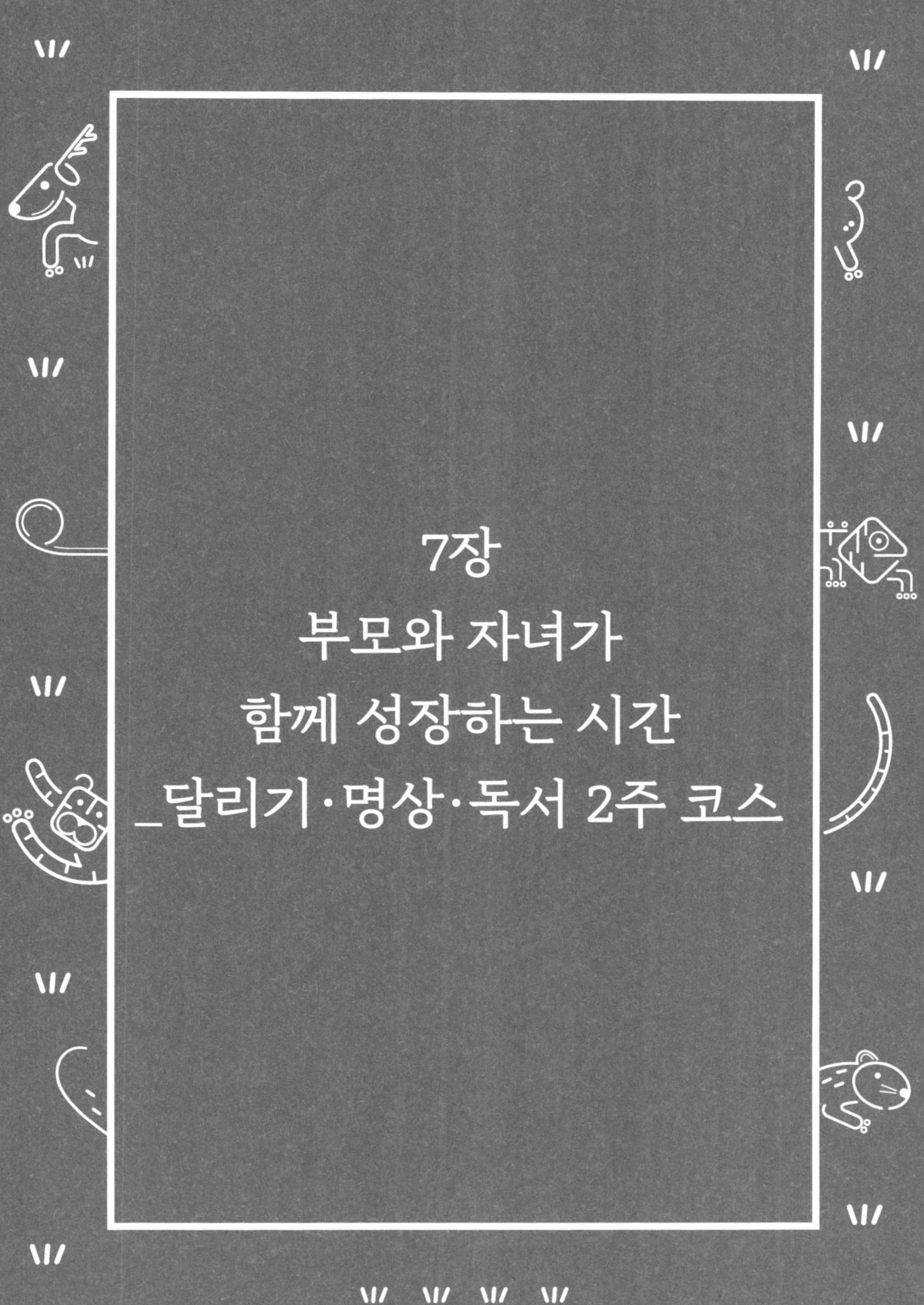

7장
부모와 자녀가
함께 성장하는 시간
_달리기·명상·독서 2주 코스

달리기·명상·독서를 함께 시작하는 이유

　부끄럽지만 저의 이야기를 조금 해보려 합니다. 그래야 왜 달리기가 명상이, 독서가 좋은지 전해드릴 수 있을 것 같습니다. 저는 생각이 많은 편입니다. 저의 성향을 전문 용어로는 HSP(Highly Sensitive Person)라고 하더군요. 이런 말이 있는 줄도 몰랐었습니다. 그저 쓸데없는 생각도 많고, 부유하는 생각을 멈출 수 없어 오랜 시간 괴로워했습니다. 생각이 멈추지 않으니, 걱정도 많고 머릿속도 복잡합니다. 다른 사람도 이런 줄 알았습니다. 걱정은 불안으로 이어지고 긴장은 언제나 함께였죠. 괜찮다고 아무리 스스로를 다잡아도 잠시뿐이었습니다. 수면의 깊이도 아주 얕았습니다. 잠귀도 밝은 편이라, 모든 감각이 24시간 근무 중으로 느껴졌습니다. 상쾌한 아침은 소설에서 나오는 표현이었습니다.

명상이란 걸 하면 그런 증상이 나아진다길래 멋지게 반가부좌를 틀고 앉아서 해봐도 변화는 찾아오지 않았습니다. 이리저리 노력하며 뻗어나가는 걱정의 나부랭이를 끊으려 10대에도 20대에도 애를 썼습니다. 감사 일기도 써보고, 몰입도 해보고, 수업 시간 전에 절도 하고 요가도 했지만 제게 맞는 옷은 아니라는 결론에 다다랐습니다. 그냥 이렇게 살아야 하나 보다 싶어 포기한 채로 관망자처럼 지켜보았습니다. 달리기를 만나기 전까지요.

친한 친구들도 결혼과 출산의 단계를 넘고 나니 마주하고 이야기하며 나누던 시간은 다시 기억 속에만 남아 있게 되더군요. 아이의 친구가 제 친구가 된다는 말에 설마 했는데 어찌나 정답인지요. 혼자의 시간도 평온하지 않았는데 온전히 제 책임이어야 하는 육아가 시작되고 나니 감당이 되는 수준이 아니었습니다. 여러분은 그 시간 아실 겁니다. 어른과의 대화가 간절해지는 시기요.

몸이 힘들어서 마음이 따라 지친 건지, 마음이 아파서 몸도 병이

난 건지 순서는 알 수 없지만 유난히 예민한 저로서는 참으로 험난
한 시절이었습니다. 체력이라 부를 뭣도 없었지만, 거기에 바닥이
보이니 아이를 따라 다니는 것도 버거웠습니다. 운동을 할 시간조차
만드는 게 사치라 여길 만큼 껌딱지 아이였기에 집에서 보이는 아파
트 단지를 걷기 시작하는데도 준비가 필요했습니다. 누군가의 에세
이를 읽다가 무릎 부상으로 뛰지 못해 걷는다는 문장이 용기를 주었
습니다. 더 아프기 전에 움직여야 한다고, 할 수 있다고 말이죠.

그렇게 태어나서 가장 더웠던 여름, 걸었습니다. 걷다 보니 트랙
을 걷는 주민들이 보였습니다. 누군가는 걷고 뛰고, 뛰다가 걷고, 전
화하고, 음악을 듣는 그 모습이 영화의 한 장면처럼 다가왔습니다.
걷기는 썩 잘했다고 기억하고 있었는데, 몸이 완전히 달라졌더군요.
반성하는 마음으로 착실하게 시간이 날 때마다 운동화를 신었습니
다.

다섯 걸음만 걸어도 땀이 흐르는 열기에 이상하게 뛰고 싶어졌습
니다. 인생에서 달리기는 학교 다닐 때 체력장 이후로는 없었는데
말이죠. 어차피 걷든 뛰든 땀은 뚝뚝 흐르는데 뛰는 게 별거냐 싶었
던 그 순간이 아직도 떠오릅니다. 걷기와 달리기가 매우 다르다는
걸 30초 만에 바로 깨달았습니다. 그렇게 한 두 걸음씩 뛰는 흉내를

내는 게 달리기의 시작이었습니다. 달리기 앱을 켜고 달렸습니다. 그날의 목표를 완수하면 스탬프를 받았습니다. 누군가에게는 단순한 보상시스템일지 모르지만, 제게는 그게 그렇게 뿌듯한 상이었습니다. 칭찬 도장의 효과는 다 큰 어른도 뛰게 할 만큼 역시 훌륭했습니다.

호흡이 편해졌습니다. 몸의 부피도 약간은 줄어들었습니다. 가까이하기엔 너무 먼 당신이었던 명상도 다시 친해질 수 있었습니다. 명상만으로 감당하지 못했던 뇌의 휴식이 달리기 덕분에 숙면이 가능해지면서, 제대로 진행된 것으로 짐작합니다. 명상이 정말 좋고 유용하고 효과적인 걸 알지만 제가 해낼 수 있는 몸의 상태가 아니었던 거죠. 달리기 덕분에 그 험난한 산을 넘을 수 있었습니다.

독서도 그랬습니다. 거미줄도 아닌데 머리가 복잡해진 날이면 글자도 제대로 눈에 들어오지 않습니다. 저자와 나와의 온전한 만남에 잡생각이 안개처럼 잠식하면 읽어도 읽은 게 아니었습니다. 아무 때나 만날 수 있었던 유일한 즐거움마저 잃고 싶지 않았습니다. 아무리 출산과 육아의 시간 때문이라고 해도 복직해서 일 잘하는 분들 보면 저만 못난이 같았습니다. 회복이 덜 되었다고 핑계를 대고 싶었습니다. 틀어진 골반, 찌릿찌릿 고관절 통증에 간헐적 두통, 기립성 빈혈까지 중환자도 아니면서 말이죠.

걷고 뛰기를 넘어 달리기를 시작하니 그런 증상도 점차 줄어들었습니다. 어린이집에 등원시키고, 집안일도 밥도 포기한 채, 책을 한 권 다 읽어낸 날, 정말 기뻤습니다. 몸이 움직이니 머리도 같이 한다는 느낌이 너무도 신기했습니다.

그때부터였습니다. 주변 엄마들에게 권했습니다. 독서 모임도 하면서 달리기도 하자고 꼬셨습니다. 좋으니까요. 안 아프니까요. 감기만 걸렸다가 회복해도 몸이 편하잖아요. 그런데 지속적인 통증이 있다가 느껴지지 않으면 그게 얼마나 상큼한지 아파본 분은 아실 겁니다. 그래서 달리자고 꼬셨어요. 병원을 꾸준히 다니는 것도 시간과 노력이 듭니다. 일하고 애 보고 집안일하고 병원까지 다니면서 열심히 받는 치료는 정말 버겁습니다. 그래서 아프지 말자고, 엄마는 아프면 힘드니 아프지 말자고, 걷는 정도로 뛰면 된다고 꼬심의 미학을 발휘했습니다. 같이 건강해야 나중에 같이 놀 수 있다고 커피도 마시고, 맛난 빵도 먹어가며 달렸습니다.

그렇게 몇 년째 함께 달립니다. 그 사이 저는 몇 번의 풀마라톤을 완주했습니다. 마라톤은 기록경기라지만, 완주만으로도 기쁩니다. 물론 천천히 뛰고 빨리 들어오고 싶은 마음은 굴뚝같습니다.

마라톤 준비를 하며 명상도 더욱 편해졌습니다. 잘하고 못하고의 개념이 아닙니다. 당장 필요한 순간에 꺼내어 '지금, 이곳, 여기'에 집중할 수 있다는 점입니다. 불안이 엄습하고, 답 없는 고민이 이어지면 호흡을 꺼냅니다. 호흡은 명상의 일부지만, 제게는 시작을 알리는 신호등이자 경고 알림입니다. 달리다가도 어딘가 통증이 오거나 불편해지면 호흡에만 집중합니다. 그렇게 숫자 50에서 100을 세고 나면 어느 순간 사라집니다. '달리기 명상'이라고 부르는 사람도 있습니다. 여하튼 감각이 과하게 열려 있던 제 경우에는 달리기의 호흡 훈련이 제일 효과가 있었습니다.

운동이 뭔지도 모르던 사람이 달리니 부상도 있었습니다. 이름도 다양했습니다. 부상이 심해서 40일 만에 처음 뛰었던 적도 있었습니다. 뛰지 못하는 시기에 제일 큰 문제는 달리기가 아니었습니다. 명상도 되는 둥 마는 둥, 책도 마지못해 읽습니다. 당연히 왜 그러는지 몰랐습니다. 재밌는 거 못해서 그런가 보다 했지만, 아니었습니다. 뇌의 정리정돈 시스템에 부하가 걸리면서 생활에서 나타나는 증상이었습니다. 뛰면 짜증이 덜 납니다. 일단 달리고 나면 분해서 당장 싸우고 싶었던 마음조차 그럴 수도 있다며 상대를 이해하게 됩니다. 당연히 가족에게도 티가 납니다. 엄마 왜 안 뛰냐고, 얼른 나가서 뛰라고 하는 아이의 표정이 상상이 가시나요?

책을 더 잘 읽고 싶으면 뛰어야 하고, 명상을 잘해서 평온한 마음을 유지하고 싶으면 뛰어야 합니다. 공부를 잘하고 싶다고요? 당연히 뛰어야 합니다. 걷는 근육과 뛰는 근육은 차이가 있습니다. 불안을 다스리고, 나로 살아가기 위해서는 뛰어야 효과가 큽니다. 혼자서도 뛸 수 있고, 주변과 같이 뛸 수도 있습니다. 속도는 '내'가 기준입니다.

편도체가
안정화된 부모

"규칙적인 수면 습관을 유지하고, 잠에서 깬 후에 몸을 가볍게 풀
거나 호흡에 집중하며 몸과 감정을 점검합니다. 아침 식사 시간에
가족의 컨디션과 오늘의 계획 등을 자연스럽게 나누며 긍정적인 분
위기로 하루를 시작합니다. 일상에서 자신의 감정을 관찰하고, 감정
에 한 박자 쉬며 반응하려 합니다. 업무나 가사, 육아 중간에 심호흡
으로 긴장을 풀며, 부정적 감정을 조절합니다. 자녀나 배우자에게
부정적인 언어나 짜증, 날카로운 반응을 하지 않으려 애씁니다. 단

호하기도 하고 온화하기도 한 공감의 태도로 소통하려 합니다. 갈등 상황에 감정에 휩쓸리기보다 이해와 문제해결에 초점을 맞추려 합니다. 정해진 시간에 식사를 챙기고, 균형 잡힌 식단을 유지하려 노력합니다. 수면 시간 최소 한 시간 전에는 전자기기 사용을 줄이고, 명상, 스트레칭, 독서로 하루를 마감합니다.”

광고처럼 표현해봤습니다. 어떠신가요? 여러분의 모습과 많이 닮았다고 생각합니다. 이렇게 책을 펼쳐서 읽고 노력하는 부모라면 자녀를 위한 시간과 부모를 위한 시간의 균형을 맞추며 생활하실 테니까요.

부모 상담이나 학습 상담이 필요 없는 분들이 간혹 있습니다. 학부모계의 유니콘으로 부릅니다. 흔들리지 않는 기준, 명확한 방향, 선택과 집중, 습관의 생활화가 너무도 잘 이뤄지는 가정입니다. 부모님의 체력도 일정 수준 이상이며, 본인의 에너지 레벨도 파악하고, 불필요한 자극을 피할 줄 압니다. 아이는 어른의 등을 보면서 자란다고 하죠. 거울 뉴런으로 인해 사람은 가까이 있는 다른 사람을 보고 비슷하게 흉내 냅니다. 아이는 물론이고 어른도 동일합니다. 편도체가 안정화된 부모님의 등을 보는 아이는 이런 모습을 따라 하게 됩니다.

　감정의 파고에 매번 휘둘리지 않으려면, 평소에 돌아올 자리를 만들어두어야 합니다. 일상이 중요하고 루틴이 필요하다고 수많은 자기계발서가 말하는 이유도 여기에 있습니다. 평소에 일정한 시간에 자고 일어나고, 정해진 자리에서 공부하고, 작은 약속을 지키는 연습이 쌓이면 외부의 흔들림이 있어도 다시 제자리로 복귀하기가 수월해집니다.

　만약 부모와의 관계가 불편하고 집이 안전하지 않다고 느끼며, 자신을 이해해주는 사람이 오직 친구뿐이라면 어떨까요? 그 친구와의 관계가 틀어졌을 때 아이가 받는 충격은 훨씬 클 수밖에 없습니다. 반대로 부모, 친구, 선생님 등 여러 관계 속에서 정서적 지지를 받고 있다면, 하나의 관계에서 갈등이 생겨도 아이는 회복할 여지를 갖게 됩니다. 그래서 안정적인 부모의 존재가 중요합니다.

　여기서 말하는 안정성은 활달함이나 외향성과는 다릅니다. 내향적이어도 안정적일 수 있고, 외향적이어도 불안정할 수 있습니다. 중요한 것은 부모 스스로의 감정 조절 능력입니다. 아이보다 부모가 먼저 편도체를 차분히 가라앉히고, 전두엽의 이성적 판단을 유지하려는 노력을 해야 합니다. 이를 반복해서 강조하는 이유는, 편도체의 활성화가 매우 전염성이 강하기 때문입니다. 가족 중 누군가 화가 나 있으면 자연히 신경이 쓰이고, 긴장이 높아집니다. 짜증 섞인 말투와 표정, 배우자와의 갈등 역시 그대로 전달됩니다.

우리가 아무 영향도 받지 않는 것은 거의 불가능합니다. 뇌는 그렇게 진화해왔습니다. 수렵채집 시대를 떠올려보세요. 한 사람이 맹수를 발견해 편도체가 즉각 반응했다면, 그 표정을 본 다른 구성원들도 같은 경계 반응을 보여야만 함께 살아남을 수 있었습니다. 지금 우리의 환경은 달라졌지만, 뇌의 기본 작동 방식은 크게 바뀌지 않았습니다. 그래서 집안의 긴장과 갈등은 아이의 학습뿐 아니라 정서적 성장에도 직접적인 영향을 미칩니다.

편도체가 필요한 순간에만 활성화되도록 돕는 생활 습관이 필요합니다. 존2(Zone 2) 수준의 유산소 운동[*]과 짧은 명상을 아이와 함께 실천해보세요. 규칙적인 호흡과 일정 강도의 운동은 감정 조절에 도움을 주고, 전두엽의 기능을 강화하는 데 긍정적으로 작용합니다.

---

* 운동 강도는 일반적으로 최대심박수(Max HR)를 기준으로 다섯 구간으로 나눕니다. ▲ 50~60% ▲ 60~70% ▲ 70~80% ▲ 80~90% ▲ 90~100%로 구분합니다. 이 중 존2(Zone 2) 운동은 최대심박수의 60~70% 구간에 해당합니다. 옆 사람과 짧은 문장은 무리 없이 대화할 수 있는 정도의 강도이며, 숨은 약간 차지만 호흡이 통제되는 상태입니다. 땀이 나기 시작하지만 고통스럽지 않고, 일정 시간 비교적 안정적으로 유지할 수 있는 수준입니다. 존2 운동은 고강도 훈련과 달리 심폐 지구력의 기초를 다지고, 회복 부담이 크지 않아 주기적으로 반복하기에 적합한 강도입니다. 일상 속에서 꾸준히 실천하기 좋은 구간이라는 점에서 의미가 있습니다.

아이에게 안정된 환경을 주고 싶다면, 부모가 먼저 자신의 뇌를 관리하는 태도에서 출발해야 합니다.

불안과 걱정 멀어내기

'불안'이라는 단어는 부정적인 이미지입니다. 앞에서 그렇게 쓰인 부분도 있습니다. 그런데 불안은 자연에서 인간이 생존하는 데 있어 정말 중요한 기재입니다. 호랑이나 뱀을 보고 무서워하지 않으면 생명이 위험하니, 오랜 시간 인간의 뇌에 남겨진 흔적입니다. 조심하고, 신경 쓰면서 생존율을 높이는 바람직한 반응인 거죠. 그렇게 반응하는 부위가 편도체(측두엽 내측에 있는 신경핵의 집합체로 변연계(limbic system)에 속하며, 동기와 기억, 주의 및 학습, 감정과 관련된 정보를 처리합니다.) 입니다. 파충류의 뇌라고 배웠던 기억이 나실 겁니다.

더 이상 자연인으로 살지 않는 현대인에게 편도체는 사용할 일이 없을까요? 아닙니다. 다양한 스트레스 상황에서 조절하는 역할을 담당합니다. 언제나 그렇듯 문제는 과활성화되는 편도체입니다. '119가 계속 출동하는 상황'이라고 아이들에게는 설명합니다. 누가 소리 질렀다고 부르고, 누가 쓰레기 버렸다고 신고해서 정작 위급한 일에는 출동할 수 없는 상황이라고 하면 이해를 합니다.

편도체 반응 자체는 정상인데 왜 과활성화될까요? 여러 가지 원인이 있겠지만, 만성적인 스트레스와 과도한 불안이 대표적입니다. 그로 인해 파생되는 증상은 심장박동 수 증가 및 혈압상승, 소화 기능 저하, 만성 불안 등이 있습니다.

아이들에게서 제가 가장 많이 봤던 증상은 불안입니다. 불안해서 공부 시작을 못하고, 불안해서 공부하다가 딴생각이 자꾸 들고, 불안해서 집중을 못합니다. 불안해서 고민이 많아지고, 불안해서 해야 할 일을 다 하지 못하고, 그래서 자괴감에 빠집니다. 할 일을 제때 마치지 못하고 걱정하다 보니 자신에 대한 믿음도 낮아집니다.

경쟁과 비교가 아이가 견딜 수 있는 수준을 넘어서도 비슷한 반응을 보입니다. 별 뜻 없이 아이 앞에서 '네 친구 누구는 몇 등급이래?', '평균 점수는 얼마니?'라고 물었다면 상처가 되는 아이도 있다는 뜻입니다. 말이 귓속을 그대로 통과하는 아이도 있겠지만, 그런 아이보다 신경 쓰고 마음에 담아두는 아이일 수 있다는 사실을 염두해 두셨으면 합니다. 점수가 궁금하다면 이렇게 건네 보시면 어떨까요? '노력한 성적을 구체적으로 알고 잘했다고 말해주고 싶어서 그래. 평균 점수가 기준이 되기도 하거든.'

불안으로 인해 워낙 고통스러워하는 아이들이 많습니다. 상대평가인 등급제입니다. 학교에서 치르는 모든 시험이 경쟁입니다. 승부욕이 없는 아이도 있기에 아이가 느끼는 부담감은 생각하는 수준보다 큽니다. 그래서 우리는 뭘 해줄 수 있을까요? 무엇을 해야 할까요? 불안에서 아이를 건져줄 방법이 있을까요? 네, 있습니다. 두 가지입니다. 숨이 약간 차는 수준의 유산소 운동을 해야 합니다. 이미 편도체 과활성화되어 있는 상태라면 생각이나 마음만으로 안정화 시키기 어렵습니다. 강제로 집중의 방향을 바꿔서 환기 시켜야 합니다. 생존에 더 중요한 심장을 우선시하는 방법이 바로 30분 이상의 유산소 운동입니다. 당장 심장에 혈액을 공급할 수 있는 상태로 몸을 쓰게 되면 감정을 조절하고 주의 집중하는 편도체에 에너지를 덜 쓰게 됩니다. 몸으로 하는 환기입니다. 존2(Zone 2) 운동으로 불립니다. 이렇게 뇌의 방향을 돌리며 편도체를 안정화 시키는 방법이 아이들에게는 필요합니다. 어려도 마찬가지입니다. 초등학교 고학년만 되어도 가능합니다. 달리기, 줄넘기, 수영 다 좋습니다. 저는 아이들에게 장소의 제약을 덜 받고 손쉽게 할 수 있도록 달리기와 줄넘기를 추천합니다.

다른 방법은 명상입니다. 상담을 하다 보면 성적과 상관없이 집중을 어려워하고, 감정에 쉽게 휩쓸리는 아이들이 있습니다. 이런 경우 운동을 익숙하게 하고, 그다음에 숨을 쉬라고 합니다. 예상하시는 바와 같이 아이들은 지루해합니다. 명상이라는 단어 자체만으로도 이미 다른 세상처럼 느끼거든요. 그래서 스쾃(양발을 좌우로 벌리고 서서 발바닥을 바닥에 밀착한 채 등을 펴고 무릎을 구부렸다 폈다 하는 체력 단련 운동)과 호흡, 두 가지를 동시에 하게 합니다. 내려가며 날숨, 일어나며 들숨. 10번을 넘기기도 전에 좀 전에 했던 고민은 안드로메다로 사라지는 마법을 아이들이 경험합니다. 스쾃을 하기 어려운 구부정 요정들은 만세 스쾃, 벽 스쾃을 알려줍니다. 집중력도 향상되고 몸매도 좋아지는 시간이라고 하면 은근히 좋아하며 따라 합니다.

이렇게 시작한 명상은 자연스럽게 호흡을 알아차리는 단계로 이어집니다. 억지로 숨을 길게 들이마시거나 참지 않습니다. 인위적으로 조절하지 않고, 지금 이 순간 들어오고 나가는 숨을 있는 그대로 느끼는 것입니다. 들숨과 날숨 사이의 짧은 멈춤을 인식하는 것, 그 단순한 '알아차림'이 명상의 핵심입니다. 종교와는 아무 관련이 없습니다.

호흡은 우리가 살아 있기 위해 반드시 필요하지만, 동시에 스스로 통제할 수 있는 거의 유일한 생리적 기능이기도 합니다. 심장은 의지로 멈출 수 없지만, 호흡은 속도를 늦출 수 있습니다. 이 지점이 중요합니다. 감정이 격해질 때 호흡을 고르면, 뇌의 과도한 경계 반응도 함께 낮아집니다. 이는 심리학과 신경과학에서 반복적으로 확인되는 사실입니다.

다만 호흡에 오롯이 집중하는 일은 혼자서 오래 지속하기 어렵습니다. 특히 아이에게는 더욱 그렇습니다. 그래서 부모가 함께해야 합니다. "해 봐"라고 말하는 것과 "같이 해 보자. 한번만 해보자."라고 앉는 것은 전혀 다릅니다. 부모가 먼저 호흡을 느끼고, 그 옆에서 아이가 따라 하는 구조가 되어야 자연스럽게 정착됩니다.

아이를 키우는 일은 분명 행복하지만, 동시에 쉽지 않은 여정입니다. 지치고 예민해지고 감정이 요동치는 날이 반복됩니다. 그럴 때 잠깐 멈추어 지금 여기의 나를 인식하고, 호흡으로 돌아가 보십시오. 숨을 세 번 고르는 동안 감정의 파도가 조금 낮아집니다. 편도체가 진정되고 전두엽이 다시 작동하기 시작한 신호입니다.

예전 같으면 세 번 소리를 질렀을 상황에서, 호흡을 한 뒤 한 번만 말했다면 이미 충분히 성공하신 겁니다. 완벽을 목표로 하지 않아도 됩니다. 아이에게도 그런 경험을 허락해 보십시오. 화가 났을 때 바로 반응하지 않고, 숨을 한 번 고르는 연습을 함께 해 보십시오. 그 짧은 멈춤이 관계를 지키고, 아이의 감정 조절 능력을 자라게 합니다.

명상은 특별한 시간이 아닙니다. 숨을 알아차리는 몇 분의 반복이 쌓이면, 감정에 휘둘리는 시간이 줄어듭니다. 부모가 먼저 경험해 보고, 아이와 나누십시오. 그 시간이 쌓일수록 집 안의 공기는 조금씩 달라질 것입니다.

충분한 수면은
건강과 학습을 잡는 보약

충분한 수면은 건강을 위해 필요한 기본 중의 기본이지만 현대인으로 살면서 지키기 정말 힘든 요소입니다. 부모가 집에서 잠이 부족하고 늦게 잠들고 아침에 힘들어하는데 아이들의 수면 패턴이 바른 생활이기는 어렵습니다.

충분히 자야 한다고 하는데 얼마나 자야 충분한지 의학 전문가가 아닌 이상 개인차까지 고려하기는 무리입니다. 그래서 스마트와치의 도움을 권해드립니다. 수면을 측정해서 각종 상태를 알려주는 기술 이용해서 아이의 수면을 분석해보시길 바랍니다. 잠을 잘 자는 것처럼 보여도 구강 호흡을 하거나 무호흡인 경우도 있습니다. 성인과 비교하면 훨씬 적은 숫자이지만 분명히 있습니다.

이렇게 수면을 챙겨야 하는 이유는 건강도 있지만 학습을 위해서기도 합니다. 수면에 관한 이야기를 하기 전에 잠시 뇌 이야기를 해보려 합니다. 그중에서도 전두엽을 살펴보겠습니다.

전두엽은 대뇌의 앞쪽에 있는 부분으로 기억력, 사고력 등을 주관합니다. 대뇌의 피질에는 주름들이 있는데 다른 부분들보다 돌출된 부분을 이랑, 안으로 들어간 부분을 고랑이라고 합니다. 이러한 몇 개의 이랑이 모여 엽이라 불리는 큰 부분을 형성하여, 전두엽, 두정엽, 측두엽, 후두엽 등으로 나눠집니다. 대뇌의 앞부분을 형성하는 전두엽은 대뇌의 가장 넓은 면적을 차지하는 부분입니다. 전두엽은 두정엽, 측두엽, 후두엽과 함께 대뇌피질을 구성하는 한 부분입니다.

전두엽은 뇌에서 기억력, 사고력, 추리, 계획, 운동, 감정, 문제해결 등 고등정신작용을 관장하며 다른 연합영역으로부터 들어오는 정보를 조정하고 행동을 조절하는 기능을 담당합니다. 전두엽의 중심고랑 앞에 있는 일차운동피질은 움직임을 조절하는 기능을 합니다. 전전두피질은 감정을 관장하는 도파민 시스템이 관련된 영역입니다. 전전두피질은 자신을 인식하고 행동을 계획하며 불필요한 행동을 억제하면서 문제해결을 위한 전략을 수립하고 의사결정을 하는 등의 기능을 합니다. 배외측 전전두피질은 작업기억과 주의집중에 중요한 역할을 하며, 목표지향적 행동에 관여하고, 정보를 바탕으로 논리적인 판단을 합니다. 복내측 전전두피질은 감정적인 정보에 의하여 판단하는 역할을 합니다. 손상되면 도덕적 문제를 냉혹하게 판단하게 됩니다. 안와전두피질은 욕구 및 동기에 관련된 정보를 처리하며, 사회적으로 적절한 행동을 수행하도록 기능합니다. (출처: 서울아산병원 인체정보)

따라서 전두엽은 학습에서 가장 중요한 뇌기능이라고 볼 수 있습니다. 특히나 입시까지의 시간은 길기에 수면의 질과 시간, 습관은 한 과목처럼 여기고 신경 써야 합니다. 사춘기 호르몬으로 인해 수면 패턴이 흔들리고, 학원 시간으로 인해 늦은 시간 잠드는 날이 늘어난다면 이는 학습의 효율을 명확하게 방해하는 요소입니다. 깨어 있는 시간을 최대치로 활용해야지 늦게까지 앉아 있는 것으로 학습을 대신하면 곤란합니다. 당장 며칠 잠을 못 자면 어른만 해도 정상적인 활동에 지장이 생깁니다. 일정한 학습에 노출된 학생이라면 당연히 잘 먹고 잘 자야 합니다.

전두엽 기능을 활성화하는 방법은 수면, 운동, 식단, 명상으로 알려져 있습니다. 잘 자랄 수 있는 토양을 만들어 주는 역할을 부모가 담당해야 한다면, 수면과 운동을 최우선으로 삼기를 권합니다. 신경망의 활성화가 잘 이뤄져야지만 학습이 물 흐르듯 자연스럽습니다. 수면부터 점검해보시는 건 어떨까요?

기초 체력
확인

달리기·명상·독서가 좋다는 사실은 누구나 알고 있습니다. 그럼에도 실천으로 이어지지 않는 가장 큰 이유는, 시간이 없어서라기보다 필요성을 절실히 느끼지 못하기 때문입니다. 우리는 생활인입니다. 생활을 유지하기 위해 반드시 해야 하는 일들이 있고, 그 위에 역할이 덧붙습니다. 아이 돌봄, 회사 일, 가족의 일, 예상치 못한 일정들. 애써 해도 표시조차 나지 않는 일들이 하루를 채웁니다. 무언가 새로 시작하려 하면 감기에 걸리고, 마음먹으면 프로젝트가 투입되고,

조금 숨 돌리면 방학이 찾아옵니다.

아이의 나이가 어릴수록 개인 시간을 확보하는 일은 더 어렵습니다. 성장에 따라 상황이 나아지기는 하지만, 그렇다고 통째로 비어 있는 시간이 생기는 것은 아닙니다. 그래서 가장 먼저 해야 할 일은 결심이 아니라 점검입니다. 일주일 전체 시간을 한 번 들여다보세요. 10분에서 15분 단위로 나누어 적어보면, 생각보다 비어 있는 틈이 보입니다. 아이 앞에서 5분, 혹은 새벽이나 늦은 밤 10분 정도는 확보할 수 있는지 확인해보세요.

근력 운동을 하려면 개인 수업 시간을 예약하듯이, 달리기·명상·독서 역시 시간을 미리 정해 두어야 합니다. "되면 하고"가 아니라, "그 시간에는 한다"는 약속을 세우는 것입니다. 거창할 필요는 없습니다. 하루 10분이면 충분합니다. 중요한 것은 분량이 아니라 반복입니다. 생활 속에 작은 고정점을 만들어두면, 감정의 파도에 흔들리더라도 먼저 만들어둔 등대가 저 머리 보입니다. 결국 실천은 의지의 문제가 아니라, 구조의 문제입니다. 시간을 정해 두는 순간, 실행 가능성도 훨씬 높아집니다.

워킹맘의 하루는 출퇴근 방식에 따라 시간의 구조가 크게 달라집니다. 이동 시간의 길이와 업무 강도, 아이의 연령에 따라 루틴은 완전히 다른 모양을 갖게 됩니다. 다음은 평일 루틴을 기준으로 대표적인 3가지 유형으로 나누어 정리해본 것입니다.

워킹맘 타입별 시간 확보 포인트

타입1: 일찍 출근형 (오전 5~6시 활용형)

최적 시간대: 새벽 5`6시 나만의 골든타임

명상 10분 → 가벼운 워킹/조깅 15분 → 독서 5분 구성 가능

가족이 모두 잠든 시간이라 방해받지 않음

단, 전날 밤 11시 이전 취침 필수 (수면 6시간 확보)

타입2: 일반 출퇴근형 (저녁 활용형)

최적 시간대: 자녀 취침 후 21:30~22:30

퇴근 후 학원 픽업이나 장보기가 있어 저녁 시간이 촘촘함

자녀를 재운 뒤 나만의 시간 확보 가능

또는 점심시간 30분 활용 (회사 근처 산책 겸 명상 혹은 오디오북)

타입3: 탄력근무형 (점심·저녁 유연 활용)

최적 시간대: 아침 6~7시 또는 저녁 22~23시

재택근무 시 출퇴근 시간 절약분(1~2시간)을 활용

점심시간을 길게(1시간) 잡아 간단한 운동 + 명상 가능

자녀와의 저녁 시간을 여유 있게 가진 뒤 개인 시간 확보

전업맘의 하루는 워킹맘과는 또 다른 구조를 가집니다. 자녀의 연령과 학원 개수, 등·하원 시간에 따라 일정이 크게 달라지기 때문입니다. 겉으로 보면 출퇴근 시간이 없으니 여유가 많아 보일 수 있지만, 실제로는 자녀 중심으로 짜인 촘촘한 스케줄 속에서 움직이게 됩니다. 아침 등교 준비를 마치고 나면 곧바로 집안일이 이어지고, 잠시 정리했다 싶으면 하원 시간이 다가옵니다. 학원 시간에 맞춰 이동하고, 중간에 생기는 자투리 시간은 대개 '잠깐'에 불과합니다. 문제는 이 시간이 잘게 쪼개져 있다는 점입니다. 이런 환경에서는 쪼개진 시간 속에서 무엇을 할지 미리 정해 두는 전략이 더 현실적입니다.

그래서 학원 픽업이나 대기 시간을 활용하시길 권합니다. 기다려야 하는 시간을 그냥 흘려보내지 말고, '한 페이지라도 읽는 시간'으로 정의해보세요. 스마트폰으로 SNS를 보는 대신 전자책 애플리케이션을 열어 두는 것도 한 방법입니다. 물론 아이를 챙기다 보면 열쇠도, 휴대전화도 어디에 두었는지 잊어버리기 쉽습니다. 그렇다면 아예 책 한 권을 항상 가방에 넣어 다니는 습관을 들여보세요.

엄마가 자신의 책을 들고 다니는 모습은 아이에게 분명히 남습니다. 저 역시 손에 무언가를 들고 다니는 것을 선호하지 않지만, 책만큼은 억지로라도 챙깁니다. 식당에서 메뉴를 주문하고 잠시 기다리는 시간에 책을 펼칩니다. 누가 본다고 해도 상관없습니다. 그렇게 해서라도 한 번 더 읽을 수 있다면 충분합니다. 신기하게도, 엄마가 책을 읽고 있으면 아이도 따라 합니다. 독서 중인 엄마에게는 스마트폰을 달라고 조르지 않습니다.

전업맘 시간 확보 포인트

타입1: 미취학 자녀 (오전 9~10시 골든타임)

최적 시간대: 등원 후 오전 9~10시

자녀가 유치원/어린이집에 간 직후가 가장 조용하고 에너지가 높은 시간

명상 10분 → 가벼운 요가/스트레칭 15분 → 독서 5분

오후 1~3시 낮 시간도 가능하나, 가사로 분산되기 쉬움

주의점: 하원 후(오후 3시 이후)는 자녀와 함께 놀이 집중 필요

타입2: 초등 저학년 (오전+오후 분산형)

최적 시간대: 오전 9~10시 또는 오후 1~3시

등교 후 집이 조용한 오전 시간에 독서와 명상 집중

학원 픽업 대기 시간(30분~1시간) 활용: 차 안 또는 카페에서 독서

오전에 운동(조깅/요가)을 하고, 오후에는 독서/명상 분리 가능

장점: 시간을 쪼개서 달리기, 명상, 독서, 각각 배치 가능

타입3: 초등 고학년~중등 (새벽 또는 밤 활용형)

최적 시간대: 새벽 6~7시 또는 밤 21~22시

자녀가 학원에서 늦게 오거나 스스로 학습하는 시간이 많아짐

새벽에 조깅 30분으로 하루 시작

자녀 학습 시간에 엄마도 함께 책 읽기(동시 독서)

학원 픽업 대기 시간을 독서 시간으로 고정

장점: 자녀가 자립적이라 개인 시간 확보 용이

워킹맘과 전업맘 핵심 차이

구분	워킹맘	전업맘
집중 시간대	새벽(5~6시) 또는 밤(21~22시)	오전(9~10시) 또는 낮(13~15시)
연속 시간 확보	어려움 (퇴근 후 촘촘함)	상대적으로 유리 (자녀 등원/등교 후)
숨은 시간	점심시간, 통근 시간	학원 대기 시간, 혼자 먹는 점심
주말 활용	평일 못한 가사 몰아서	평일과 비슷하게 유지 가능
에너지 피크	새벽(출근 전)	오전(등교 직후)

평생을 올빼미족으로 살았지만, 책 한쪽이라도 고요하게 들여다보려니 어쩔 수 없이 새벽에 일어나야 했습니다. 책이라도 보고 싶어서 일어났는데 몸이 만신창이라 30분을 꼬박 앉아 있지 못했습니다. 살아야겠기에 운동을 시작했습니다. 그렇게 한 걸음씩 걷고 달

리고 여기까지 왔습니다. 뚝딱 저절로 만들어진 시간은 없습니다. 지금 여러분의 생활에 맞는 시간을 찾아서 달리기, 명상, 독서 중에 한 가지라도 시작하는 건 어떨까요?

시간을 어느 정도 확보하셨다면, 그때부터는 달리기·명상·독서 중에서 가장 부담이 적고 친근하게 느껴지는 것부터 시작해보세요. 3가지를 모두 해야 한다는 생각에 머뭇거리다 못하는 경우가 많습니다. 그러나 습관 형성에 관한 연구들을 보면, 행동을 정착시키는 데 중요한 요소는 '강도'보다 '지속성'입니다. 처음부터 의욕적으로 3가지를 모두 실행하면 며칠은 가능할지 모르지만, 피로가 누적되면 중단될 확률이 높습니다. 습관은 폭발력이 아니라 반복에서 만들어집니다.

책이 편하다면 독서부터 시작하세요. 하루 10분이라도 좋습니다. 달리기가 마음에 맞는다면 운동 시간을 가장 먼저 시간표에 넣으십시오. 일정에 먼저 배치된 행동은 실행 확률이 높아집니다. 이를 '선점 효과'라고도 설명합니다. 먼저 자리를 확보한 행동은 다른 일에 밀려날 가능성이 작습니다. 그다음 하나를 추가하십시오. 한 번에 3가지를 모두 시작하는 것이 이상적일 수는 있지만, 목표는 '완벽한 실천'이 아니라 '자동화'입니다. 무리하지 않는 선에서 자분자분 쌓아야 합니다.

3가지 중 2가지가 자연스럽게 생활에 붙으면, 마지막 하나를 도전하세요. 예를 들어 운동과 독서가 자리를 잡았다면, 명상을 덧붙이는 식입니다. 명상은 거창할 필요가 없습니다. 저는 잠들기 전 5분, 집안일을 하며 호흡을 의식하는 시간, 운전 중 신호 대기 시간에 짧게 실천합니다. 잠들기 전 호흡을 고르면 숙면의 질이 확연히 달라집니다. 심박수가 안정되면 몸이 먼저 반응합니다. 촬영이나 중요한 일정 전에도 호흡에 집중해 심장 박동을 낮춥니다. 긴장을 관리하는 데 즉각적인 도움이 됩니다. 효과를 경험하면 굳이 의식하지 않아도 몸이 먼저 찾게 됩니다.

운동도 마찬가지입니다. 주 3회 달리기를 하던 사람이 챌린지에 참여하면 매일 달려야 할 것 같은 마음이 생깁니다. 혼자였다면 쉬었을 날에도, 함께하는 사람들 덕분에 최소한 스트레칭이나 보강 운동이라도 하게 됩니다. 행동은 환경의 영향을 받습니다. 그래서 루틴은 개인 의지의 문제가 아니라 구조의 문제이기도 합니다.

달리기·명상·독서는 서로 다른 영역처럼 보이지만, 공통점이 있습니다. 모두 '뇌의 회복력'을 키우는 활동이라는 점입니다. 규칙적인 유산소 운동은 스트레스 호르몬을 낮추고, 명상은 감정 반응을 조절하는 전두엽 기능을 강화합니다. 독서는 집중력을 유지하는 시간을 늘려 줍니다. 3가지가 서로를 보완합니다.

결국 중요한 것은 순서입니다. 가장 쉬운 것 하나를 선택해 반복하십시오. 그다음 하나를 붙이십시오. 마지막을 도전하십시오. 그렇게 층을 쌓아 올리면, 어느 순간 3가지가 생활의 일부가 됩니다. 한 번에 완성하려 하지 말고, 오늘 할 수 있는 최소 단위를 지켜보세요. 습관은 그렇게 만들어집니다. 함께하는 사람들이 있다는 사실이 발걸음을 다시 밖으로 내딛게 합니다. 늦은 시간이라도 마무리하고 싶어지는 이유입니다.

숙제처럼 여기서도 되고, 자랑템처럼 보여주기 식이어도 됩니다.

뭐 어떻습니까. 그렇게 해서라도 한 번 더 하면 좋잖아요. SNS에 오운완(오늘 운동 완료) 해시태그 붙이듯이 하세요. 20, 30대 갓생러처럼 우리도 멋진 습관 있다고 주변에 알리세요. 혼자만 할 때보다 챌린지 완료할 가능성이 매우 높아진답니다.

자기 수준에 맞춰서 하는 달리기-명상-독서입니다. 해보려는 마음, 실천할 시간이 정해지면 일단 가능합니다. 벌써 시작한 겁니다. 어차피 운동은 이래저래 해야 하고, 이왕 하는 김에 심신의 안정을 도모하는 명상도 하고 거기에 생각의 깊이를 더해주는 책까지, 얼마나 완벽합니까?

아이도, 가족도 모두 소중합니다. 그래서 올바르게 함께 지켜내려면 기준이 있어야 합니다. 아파트 내력벽처럼 철거할 수 없는 가장 단단한 기둥이 있어야 파도에 휩쓸려도 자리로 돌아올 수 있습니다. 달리고 명상하고 책 보면서 한 걸음 두 걸음 쌓으면 됩니다. 누구나 할 수 있습니다.

흔들림이 올 때 관리법

가족 중 누군가 아프면 일상은 쉽게 흔들립니다. 특히 아이가 아플 경우 부모의 일정은 순식간에 바뀌고, 병원과 돌봄으로 신경 써야 할 일이 늘어납니다. 며칠 이상 이어지면 신체적·정서적 과부하가 쌓이기 쉽고, 연구에서도 보호자의 스트레스가 장기화되면 불안과 피로가 커진다고 보고합니다. 돌봄은 사랑이지만, 동시에 많은 에너지를 요구하는 일입니다.

아이의 건강 문제뿐만이 아닙니다. 회사의 갑작스러운 프로젝트,

배우자와의 갈등, 예기치 못한 경제적 부담, 학사 일정의 변화 등 일상의 평온함을 흔드는 변수는 생각보다 자주 찾아옵니다. 우리는 늘 안정된 상태에서 계획을 세우지만, 현실은 늘 변동성을 전제로 움직입니다. 그래서 습관은 '여유가 있을 때' 만드는 것이 아니라, '흔들릴 때 돌아올 수 있도록' 만들어 두는 것입니다. 2주차에 익숙한 것부터 시작하시라 말씀드렸습니다. 흔들릴 때도 동일합니다. 하나라도 놓지 않고 잡으세요. 그러고 나서 둘, 셋 이렇게 이어서 하면 됩니다. 다이어리 첫 장 예쁘게 꾸미고 다시 봤는데 마음에 안 들어서 다시는 안 본다고요? 혼자라면 이래도 홍 저래도 홍 좋지요. 그렇지만 아이가 나를 보고 있잖아요. 애가 그러고 있으면 어떤 기분이 드실까요? 해내야 하는 것들이 있잖아요. 비단 공부가 아니어도 말이죠.

1주차에서 확보했던 시간 중에 살아남은 시간에 산책이라도 하세요. 나갈 수 없다면 눈감고 호흡이라도 해보세요. 그렇게 도전하는 시간을 줄여서라도, 실처럼 이어가도 좋습니다. 며칠만이라도 뛰면 새롭습니다. 뛰어서 즐거울 겁니다. 책 한 장 펴볼 짬이 나는 자체가 어딥니까? 처음에 빈칸으로 만들어둔 시간을 달리기, 명상, 독서로 다시 채우면 됩니다. 2주차에 열심히 하고 뿌듯했던 기억을 떠올리면서요.

2주차_
습관이 되고 있나요?

달리기, 명상, 독서 챌린지는 한 달에 2주간 진행합니다. 30일 내내, 일 년 내내 실천하면 이상적이겠지만 현실은 그리 단순하지 않습니다. 일상에는 늘 변수와 방해 요소가 있습니다. 저 역시 꾸준히 하다가 부상으로 멈춘 적도 있고, 예기치 못한 일정과 사건으로 아예 시작조차 못한 시기도 있었습니다. 의지가 부족해서가 아니라 생활인이기 때문입니다.

그래서 여러 번의 시행착오 끝에 매달 둘째 주와 셋째 주, 2주간만 집중하기로 정했습니다. 약 15일 동안은 나를 깨우고, 몸과 마음을 다잡는 시간으로 쓰고 싶었습니다. 집중 기간을 정해두니 오히려 실행 가능성이 높아졌습니다. 매일은 어려워도 2주 정도는 충분히 나에게 집중할 수 있었습니다.

하루, 이틀, 일주일씩 채워가는 기록이 쌓일수록 뿌듯함이 생깁니다. 함께 도전한 분들도 비슷한 이야기를 전합니다. 아이에게 덜 감정적으로 반응하게 되었고, 감정의 진폭이 줄어들어 좋다는 소감이 많았습니다. 몸이 가벼워지고, 마음이 안정되니 집안 분위기도 달라진다고 합니다. 부모의 컨디션은 생각보다 빠르게 가족에게 전달됩니다. 좋은 에너지도, 예민함도 모두 거울처럼 비칩니다.

한 달에 2주라면, 바쁜 일정 속에서도 충분히 도전해볼 만합니다.

달리면 좋습니다.

명상도 좋습니다.

독서도 좋습니다.

세 가지를 하루 중에 짧게라도 실천하면 됩니다. 스트레스 수준이 낮아지는 것은 물론이고, 체력도 자연히 따라옵니다. 독서와 필사(초급 단계)는 사고를 정리하게 하고 불안을 낮추는 데 도움을 줍니다.

부모와 아이가 함께 실천하면 효과는 더 커집니다. 입시까지 건강하게 보낼 수 있습니다. 부모가 독서 후 필사를 하면 흥미롭게 따라 하는 아이도 있고, 숨쉬기 놀이처럼 명상을 흉내 내는 경우도 있습니다. 함께 걷거나 뛰고, 서로에게 칭찬 도장을 찍어주듯 도전하면 분위기가 달라집니다. 무엇이든 안정된 심신을 위한 노력을 아이 앞에서 하다 보면 물이 듭니다.

같은 길을 걷는 당신에게

'믿는 만큼 자라는 아이들'이라고 여성학자 박혜란 선생님은 말씀하셨습니다. "아이를 키우려 애쓰지 마라. 아이들은 스스로 자란다."라고 하는데 키우는 과정에 있는 부모는 걱정되고 불안합니다. 자연스러운 감정이라고 머리로는 생각하지만, 좌충우돌 아이의 시간을 따라가다 보면 막막한 순간이 수시로 찾아옵니다. 어릴 때는 건강하게 잘 먹고 잘 자고 잘 싸는 기본적인 것에 집중을 하면 되지만, 그 후에 관계와 학습이 포함되면서 아이만의 시간을 지켜줘야 하는지, 또래와 비슷하게 맞춰야 하는지 결정해야 하는 날을 마주합니다.

믿음만큼 자란다는데, 자라긴 하는지 갑갑합니다. 아이가 공부하는 모습을 지켜보노라면 뿌듯하기도 하고 속에서 천불이 나기도 합니다. 잘할 때는 믿음직하다가도, 실수하거나 하기 싫어하는 태도를 보면 생겼던 믿음이 자취를 감춥니다. 하루에도 오락가락하는 날씨와 닮았습니다. 뭐라도 있어야 괜찮다고 믿어줄 수 있을 것 같습니다. 불안한 마음은 아이가 우리에게 주는 불편감이 아닙니다. 우리에게 이미 있는 불안이 아이의 행동으로 자극을 받아 외부로 표출이 되는 것이죠.

아이를 믿기 어려우시다고요? 그러면 질문 하나를 해보겠습니다. 스스로는 믿으시나요? 아이를 잘 키울 수 있다는 믿음이 드시나요? 부모도 부모 노릇 처음 합니다. 아이가 둘이어도 두 명의 부모 노릇은 처음 합니다. 누구에게나 처음 겪는 오늘입니다. 나도 나를 못 믿는다면 다른 사람을 믿을 수는 있을까요? 그 모습을 보며 자라는 아이는 어떨까요?

학습에서 입시로 넘어가면 심란하지 않은 학부모를 만나기 어렵습니다. 이 정도는 해야 수업 따라가지, 남들도 이 정도는 해, 이것도 안 하면 나중에 어쩌려고 그래, 대학 못 가면 사람대접 못 받는다며 아이를 압박합니다. 아이의 미래가 걱정이 되어서 조금더 열심히 하자는 숨겨진 뜻이 있겠지만, 아이의 귀에는 그렇게 들리지 않습니다. 끝없는 비교, 남이 기준이 되어 따라가야 하는 상황만 머릿속에 남습니다.

단번에 탈출하지는 못해도 불편한 상황을 줄이는 방법을 알려 드릴게요.

먼저, 부모님의 신체적인 체력부터 챙깁니다. 나이 불문하고 미토콘드리아의 재생은 운동과 식단으로 가능합니다. 내가 해야 아이도 "언젠가" 합니다. 운동과 식단을 가랑비 적시듯이 계속하세요. 빛을 발하는 순간이 나타납니다.

경제적인 체력도 점검합니다. 고등학교 3년 학원비, 많이 듭니다. 챙기려고 들면 1억은 우습게 넘습니다. 아이 인생도 중요하지만, 부모가 짐이 되지 않는 것도 아이에겐 중요합니다. 지금 낸 학원비가, 아이에게 부모 부양이나 병원비로 써야 하는 시간이 될 수도 있습니다. 운동으로 건강을 챙기는 건 아이에게 부담을 주지 않으려는 방법입니다. 건강하고 노후 준비가 되어 있어야 뭐라도 할 수 있습니다. 아이에게 손 벌리지 않고 독립적인 노후를 구상한다면, 학습에 투입되는 비용을 매우 세부적으로 계산해보시길 바랍니다.

세 번째로 자신을 위해 뭘 하나요? 우리는 누군가의 자녀이고 친구이며 부모입니다. 부모의 역할을 잘하기 위해 책도 보고 상담도 하고 설명회도 다니며 노력하는 여러분을 칭찬합니다. 부모 역할을 잘 하기 위해서는 다른 역할의 나도 돌아봐 주세요. 미술관을 좋아하면 혼자서 가보기도 하고, 언어를 배우고 싶으면 공부하면 됩니다. 여행을 떠나고 싶으면 짧게라도 발걸음을 떼세요. 그래야 우리가 잘하고 싶어 하는 부모 노릇 더 잘할 수 있습니다. 저는 서점에 가서 최대한으로 시간을 보냅니다. 새 책의 냄새, 표지 구경, 목차만 봐도 책을 읽은 것 같은 뿌듯함이 저의 비타민입니다. 제 지인은 산에 갑니다. 혼자도 가고 아이들과도 갑니다. 산에서 느껴지는 에너지, 포용, 생동감을 가득 안고 일상으로 돌아옵니다. 여러분의 비타민은 무엇인가요?

시야가 넓으면 좁은 우물에 매몰되지 않습니다. 직장인으로 지쳐도 가족 주성원으로 잘 지냈다면 위안과 지지를 받을 수 있습니다. 친구와 돈독하다면 가족으로 받은 상처를 극복하는데 기댈 수도 있을 겁니다. 그 역할이 아주 대단하거나 문제를 해결해주는 수준이 아니어도 나를 알아주는 이의 믿음과 지지가 간절한 순간을 인생에서 만나니까요.

달리고, 명상하고, 독서로 자신을 챙기는 여러분이 자랑스럽습니다.

한 권으로 끝내는 입시 이야기

초판 1쇄 인쇄 2026년 3월 3일
초판 1쇄 발행 2026년 3월 10일

지 은 이 박지윤
발 행 인 정수동
발 행 처 저녁달

편집주간 이남경
편   집 김유진

출판등록 2017년 1월 17일 제406-2017-000009호
주   소 경기도 파주시 문발로 203, 203호
전   화 02-599-0625
팩   스 02-6442-4625
이 메 일 book@mongsangso.com
인스타그램 @eveningmoon_book

ISBN   979-11-89217-98-3   03370